Da sagte Jesus zu ihnen:

»Die Könige üben Macht über ihre Völker aus,
und die Tyrannen lassen sich sogar noch
›Wohltäter des Volkes‹ nennen.
Bei euch muss es anders sein!
Der Größte unter euch muss wie der Geringste werden
und der Führende wie einer, der dient.«

(LK 22,25f)

für Richard, Johannes und Frieda

Peter Zillmann

Überblick zur Geschichte der Ev. Kirchen in der DDR

Resignatio - Kirche im Sozialismus

Impressum

Bibliografische Information der Deutschen Nationalbibliothek:
Die Deutsche Nationalbibliothek verzeichnet diese Publikation in der
Deutschen Nationalbibliografie; detaillierte bibliografische Daten sind im
Internet über http://dnb.dnb.de abrufbar.

© 2020 Peter Zillmann

(3. Ausgabe mit neuem Anhang) Berlin im März 2020

zillmann@onlinehome.de
(http://www.seggeluchbecken.de/kirche/ddr-kirche.htm)

Herstellung und Verlag: BoD – Books on Demand, Norderstedt

ISBN: 978-3-7504-2708-2

Inhaltsverzeichnis

Teil IV (1978 - 1990) Wende

1. Gesellschaft

2. Staat-Kirche

3. Kirche

4. Theologie

Vorwort zur 3. Ausgabe 2020

Überblick zur Geschichte der Ev. Kirchen in der DDR.

Es wurde eine kurze und streng systematische Auflistung der wichtigsten politischen und kirchlichen Ereignisse über den Zeitraum von 1945 bis 1990 erstellt, um gerade für Studierende und Lehrende eine einfache Hilfe zu bieten, die Entwicklung einer "Kirche im Sozialismus" zu verstehen.

Mit den umfangreichen Anmerkungen und Hinweisen genügt die hier vorliegende unveränderte erste Ausgabe von 1990 auch weitergehenden Ansprüchen und ist nun, was der Wunsch vieler Rezipienten war, mit der Aufnahme als Publikation in der Deutschen Nationalbibliografie, für wissenschaftliche Arbeiten besser rezitierbar.

Als 1990 der real existierende Sozialismus zusammenbrach, suchten sich viele Bürger der DDR einen passenden Mythos oder eine persönliche Legende, um die Wirren der Zeit gut zu überstehen.

Die Kirchen wollten die ihr von der SED-Partei zugewiesenen ordnungs- und moralpolitischen Aufgaben am Ende auch nicht mehr erfüllen. Sie begannen sich in der Wendezeit langsam aus jahrelang geübter Bündnispolitik zurückzuziehen. Allerdings zogen sie eine deutliche Grenze. Der Sozialismus sollte reformiert und nicht abgeschafft werden, denn eine "Kirche im Sozialismus" - ohne diesen Sozialismus - wäre ein Anachronismus geworden.

Aus der Auftragsbestimmung dieser Kurzformel wurde letztendlich ein Wesensmerkmal. Innerhalb der Kirchen wird die damalige Entfremdung der Leitung von der Basis zum Spiegel der gesamten sozialistischen Gesellschaft.

Da sich diese Entwicklung heute 30 Jahre später zu wiederholen scheint und die Affinität zwischen Christlichkeit und sozialistischer Heilslehre neu aufblüht, muss diese kleine geschichtliche Darstellung der Ev. Kirchen in der DDR in unveränderter Ausgabe von 1990 herausgegeben werden, denn sie ist mittlerweile selber zu einem Zeitdokument geworden, da sie unbeeinflusst von Geschichtsklitterung und Romantisierung vor der Entstehung einer Kirche warnt, die sehr schnell der Obrigkeit untertan wird.

An guten Darstellungen über die Kirchengeschichte der DDR gibt es seit den neunziger Jahren keinen Mangel, aber die größeren sind meistens zu umfangreich und die kleineren behandeln Teilaspekte, die oft zu spezialisiert sind.

Im Ergebnis der komplizierten Entstehungsgeschichte während der Wendezeit wurde diese Arbeit in Form einer Geschichtsmatrix verfasst. Sie stellt Zusammenhänge, in denen Linearkombinationen eine Rolle spielen, übersichtlich dar und erleichtern damit Recherche- und Gedankenvorgänge.

Wird die Arbeit hintereinander gelesen, so wie es üblicherweise geschieht, kann sich für den Unkundigen ein ziemlich diffuses und mühsam zu erarbeitendes Gesamtbild ergeben. Benötigt man aber nur Teilaspekte auf einem bestimmten Hintergrund, kann die Arbeit auch Zeilen oder Spaltenweise gelesen werden. Zum Beispiel ergeben die zeitlichen Abschnitte Theologie (1.4 – 2.4 – 3.4 – 4.4) eine kleine Theologiegeschichte von 1945 bis 1990.

		1 Gesellschaft	2 Staat-Kirche	3 Kirche	4 Theologie
1	Neubeginn	1945-49	1945-49	1945-49	1945-49
2	Konfrontation	1949-61	1949-61	1949-61	1949-61
3	Entspannung	1961-78	1961-78	1961-78	1961-78
4	Wende	1978-90	1978-90	1978-90	1978-90

Für ganz spezielle Anwendungen kann der Vektor auch diagonal betrachtet werden, also: Aus der gesellschaftlichen Entwicklung 1945-49 (1.1) hat das Staats-Kirchen Verhältnis in den fünfziger Jahren (2.2) letztendlich zu einer stabilisierten Kirche geführt (3.3), was sich in der Theologie der achtziger Jahre niedergeschlagen hat (4.4).

Die Hintergründe über die Entstehung der ersten Ausgabe von 1990 und die Schwierigkeiten bei der Sammlung der Dokumente in den achtziger Jahren werden im Anhang kurz erläutert. Hier kommen auch die Erkenntnisse der Stasiakteneinsicht ab 1995 zum Tragen, die in den beiden früheren Ausgaben nicht berücksichtigt wurden.

Die Internetausgabe von 2002 wurde gleich in den ersten Jahren millionenfach abgerufen und hat auch im internationalen Bereich ihre beabsichtigte Wirkung nicht verfehlt. Insofern ist eine weitere Printausgabe eigentlich überflüssig, aber dennoch wegen der besagten wissenschaftlichen Zitierbarkeit erwünscht und angebracht.

Möge dieser kleine Überblick über die evangelische Kirche in der DDR nun allen Lesern weiterhin eine Hilfe sein, die Zeichen der Zeit richtig zu erkennen.

Peter Zillmann, Berlin im März 2020

Vorwort zur Internetausgabe 2002

"Resignatio" - Wir liefern uns dem Staat aus

Mitte der achtziger Jahre diskutierte Bischof Gottfried Forck mit Vikaren aus der Landeskirche Berlin-Brandenburg über die Zukunft der Kirche in der DDR. Er beschrieb die Situation mit dem lateinischen Wort 'Resignatio' und einem Gleichnis aus der römischen Militärgeschichte: Wenn die Übermacht der Feinde zu groß wurde und man sich ergeben wollte, kam der Befehl Resignatio. Die Standarten wurden zurückgezogen und das römische Heer gab die Stellung auf.

Er übertrug dieses Bild auf die Situation der Kirche in der DDR. Die immer stärker um sich greifende Resignation unter den Christen implizierte allerdings einen Widerspruch. Bischof Forck war der Ansicht, daß die Kirche in einer sicheren Burg sitzt und nicht einmal beachtet wird. Der Feind (SED-Staat) hat mit sich selbst zu tun und greift nicht an. Paradoxerweise zieht die Kirche gerade in dieser Situation ihre Fahnen (Signum) zurück und will die Burg aufgeben. Er sah es als Fehler an, daß sowohl Christen im Lande als auch Vertreter der Kirchenleitungen sich dem Staat ohne Not willfährig hingaben.

Am Ende der sogenannten "Kirche im Sozialismus" tat sich ein Graben auf, der Kirchenleitungen und Kirchenvolk in allen Landeskirchen trennte. Wie es zur Resignation und Handlungsunfähigkeit innerhalb der Kirchen kommen konnte, soll in dieser Arbeit untersucht werden.

Die Arbeit entstand im Zusammenhang mit einem Seminar über Neue und Neueste Kirchengeschichte an der Humboldt-Universität zu Berlin, das der Kirchenhistoriker Dr. Ludwig als erstes Seminar nach der Wende im Frühjahr 1990 leitete. Die Arbeit wurde dann zum Schwerpunktthema einer Konventsrüste im Kirchenkreis Berlin-Reinickendorf im Jahre 1991. Pfarrer diskutierten mehrere Tage die Entwicklung der säkularen Gesellschaft und die Problematik der kommenden "Verostung" der Westberliner Stadtkirche.

Da die Legendenbildung über die kirchliche Beteiligung bei der "friedlichen Revolution 1989" weiter fortschreitet soll diese Seminararbeit als kurzer Abriß der DDR-Kirchengeschichte in seiner ursprünglichen Form von 1990 hier im Internet zur Diskussion gestellt werden. Neuere wissenschaftliche Untersuchungen und Quellen wurden nicht berücksichtigt, damit die Authentizität der zeitnahen Betrachtung erhalten bleibt.

Zur besseren Übersicht sind die 4 Zeitabschnitte jeweils in Themenbereiche unterteilt:
- Gesellschaft,
- Staat-Kirche,
- Kirche,
- Theologie

http://www.seggeluchbecken.de/kirche/ddr-kirche.htm

Berlin im November 2002, Pfarrer Peter Zillmann

Teil I (1945 - 1949) Neubeginn

1.1.1. Aufbau des Staates

Alliierter Kontrollrat: Nach dem 8.Mai 1945 existierte keine deutsche Staatsgewalt mehr. Die Siegermächte trugen nun für Deutschland die höchste politische und rechtliche Verantwortung. Am 5.6.1945 erfolgte durch die Bildung des Alliierten Kontrollrates die Übernahme der obersten Regierungsgewalt. Von 17.7.-2.8.1945 fand die Potsdamer Konferenz der UdSSR, USA, und Großbritanniens über Deutschland statt. Grundsätzliche Gegensätze der Siegermächte werden deutlich und bestimmen die weitere Politik (Ost-West Konflikt).

SBZ: Im Gegensatz zu den westlichen Zonen Deutschlands, wo die Bildung politischer Parteien und Organisationen nur zögernd erlaubt wurde, konnten in der Sowjetischen Besatzungszone (SBZ) bereits ab dem 10.06.45 Gründungen von Parteien und Organisationen erfolgen (KPD, SPD, FDGB, CDU, LDPD,). Zielsetzung war, eine antifaschistische demokratische Ordnung aufzubauen (Antifa-Block). Die Konstituierung eines "Sowjetsystems" war jedoch nicht geplant. (1) Am 11.6.45 erfolgte der Gründungsaufruf der KPD (programmatisches Dokument). Noch war die Errichtung einer parlamentarisch-demokratischen Republik vorgesehen.

Bereits Ende April/Anfang Mai 1945 begannen Initiativgruppen des ZK der KPD mit dem Wiederaufbau der staatlichen Verwaltung unter Berücksichtigung der schon in Moskau ausgearbeiteten Richtlinien. Daneben bildeten sich besonders in den industriellen Ballungszentren der SBZ (auch in den westlichen

---

(1)   Vgl. H. Dähn: Konfrontation oder Kooperation? Das Verhältnis von Staat und Kirche in der SBZ/DDR 1945-1980, Opladen 1982, S.11 u.13.

Zonen) "Volkskomitees" und "Antifa-Ausschüsse", um akute politische Probleme zu lösen (Säuberung, Notstände, Versorgung). Diese zeitweilige Parallelität zwischen Administration und Basisinitiativen gefährdete den Führungsanspruch der KPD und wurde zunehmend unterbunden.

SED-Partei: Am 22.04.46 erfolgte auf Druck der Sowjetischen Militäradministration (SMAD) in der SBZ sowie im sowjetischen Sektor von Berlin die Zwangsvereinigung von SPD und KPD zur Sozialistischen Einheitspartei Deutschlands (SED). Nach dem anfangs geltenden Paritätsprinzip werden Wilhelm Pieck (KPD) und Otto Grotewohl (SPD) zu Vorsitzenden gewählt. Am 20.10.46 kam es zu den einzigen freien Wahlen in der SBZ und Gesamt-Berlin. Das Ergebnis war für die KPD (SED) trotz massiver Unterstützung durch die SMAD enttäuschend.

In der SBZ: SED 47,5%; CDU 24,5%; LDPD 24,6%; Massenorganisationen 3,4%.
In Groß-Berlin: SPD 48,7%; CDU 22,2%; SED 19,8%; LDPD 9,3%.

Am 04.06.47 erfolgte durch den Befehl der SMAD die Gründung der Deutschen Wirtschaftskommission (DWK) als zentrale Gesamtverwaltung der SBZ. Sie gilt als Vorform der Regierung der DDR. Bis 1948 wurden die Reparationsleistungen durch die sowjetische Besatzungsmacht offen durchgeführt (Demontagen und Entnahmen aus der laufenden Produktion).

Währungsreform: Am 20. März 1948 verlassen die sowjetischen Vertreter den Alliierten Kontrollrat. Da alle Entscheidungen einstimmig gefaßt werden mußten, wird er beschlußunfähig und stellt ohne förmliche Auflösung seine Arbeit praktisch ein. In den drei Westzonen wird an 20.6.48 die Währungsreform durchgeführt. In der SBZ erfolgt drei Tage später die Einführung der "Deutschen Mark der Deutschen Notenbank". Im Zusammenhang mit den Währungsreformen kommt es zur Berlin-Blockade. Der Kalte Krieg erreicht einen Höhepunkt.

Auf der ersten Parteikonferenz der SED am 28.01.49 wurden die Richtlinien für eine "Partei neuen Typus" beschlossen. (Dominanz der kommunistischen Partei, Demokratischer Zentralismus). Stalins Thesen von 1924 zur Bolschewisierung der Partei werden übernommen. Der eigenständige deutsche Weg der KPD (SED) ist damit nicht nur praktisch, sondern auch theoretisch beendet.

Gründung der DDR: Nachdem die drei Außenminister der westlichen Besatzungsmächte ein gemeinsames Besatzungsstatut für die Westzonen beschlossen hatten, kommt es am 24.5.1949 mit dem in Kraft tretenden Grundgesetz zur Bildung der Bundesrepublik Deutschland. Am 7.10.1949 erfolgt die Gründung der DDR. Ihre erste Verfassung ist noch gesamtdeutsch orientiert. Die SMAD wird in die Sowjetische Kontrollkommission (SKK) umgewandelt und überträgt die Verwaltungsfunktionen an die Provisorische Regierung der DDR. Wenige Tage später erhebt Bundeskanzler Konrad Adenauer einen Alleinvertretungsanspruch der Bundesrepublik Deutschland für das ganze deutsche Volk. (2)

1.1.2. Enteignung - Bodenreform

Der Prozeß der Enteignung großer und mittlerer Industriebetriebe vollzog sich auf drei Ebenen.

a) Spontane Enteignung, "herrenlose" Betriebe werden von Arbeitern übernommen

---

(2)   Vgl. zum Überblick: DDR, Fischer Weltalmanach (Sonderband), Frankfurt 1990, S.98ff.

b) sowjetische Zwangsverwaltung des Eigentums von Nazis und Kriegsverbrechern

c) nach deutschem Recht durch Volksentscheid (30.Juni 1946, nur in Sachsen)

Volksentscheid: In Stellungnahmen der Kirchen zum Volksentscheid wurde in Anbetracht der Friedenssicherung und der Schaffung einer gerechten Wirtschaftsordnung der Enteignung zugestimmt. (3)

Otto Dibelius warnte aber schon auf dem 1. Berliner Kirchentag am 28.04.46: "...der Mensch bedarf der Freiheit, innerlich und äußerlich ... ein Staat, der den Menschen jedes mögliche Maß von Freiheit läßt, muß ein Rechtsstaat sein." Freiheitlich sei eine politische Ordnung aber nur dann, wenn auch das Recht an Privateigentum anerkannt werde. Da die Planung und Leitung wichtiger Entscheidungsprozesse (Erziehung, Wirtschaft, Wissenschaft) zunehmend in die Kompetenz des Staates übergingen, warnte Dibelius vor der Errichtung eines totalen Staates: "Totaler Staat und christliche Kirche sind unversöhnliche Gegensätze."(4)

Bodenreform: Am 3. September 1945 beginnt die Bodenreform. Sie brachte im landwirtschaftlichen und forstwirtschaftlichen Bereich wesentliche Veränderungen der Besitzstrukturen. "Kriegsverbrecher, Naziaktivisten und Großagrarier", die mehr als 100 ha Land besaßen, sollten entschädigungslos enteignet werden. Der Boden wurde dann in einem Bodenfonds zusammengefaßt und an landarme Bauern, Landarbeiter und Umsiedler verteilt (ca. 30 % des Landes fielen an den Staat). Die entschädigungslose Enteignung stieß auf Widerstand bei den Großagra-

---

(3) Vgl. H. Dähn, a.a.O. S.27.
(4) A.a.O., S.29.

riern und der bürgerlichen Parteien CDU und LDPD. Ausgenommen von dieser Enteignung waren ehemaliger Staatsbesitz und Kirchenland.

Grundsätzlich begrüßten die Kirchenleitungen der Landeskirchen in der SBZ die Durchführung der Bodenreform. Sie gingen von der christlichen Erwägung der Nächstenliebe aus, den Millionen Deutschen zu helfen, die ihre Heimat verloren hatten. Beklagt wurde aber die außerordentliche Schnelligkeit mit der die Bodenreform ins Werk gesetzt wurde. (5) Entschädigungslos sollten nur rechtmäßig festgestellte Kriegsverbrecher und Nazis enteignet werden. (6)

1.2.1. Trennung von Kirche und Staat

Bereits in Parteidokumenten der KPD, die im Anschluß an die Beschlüsse des VII. Weltkongresses der kommunistischen Internationale (1935) entstanden, befinden sich grundsätzliche Aussagen zur Rolle der Christen und der Kirche in einem neuen, demokratischen Deutschland. (7) Das Recht der Glaubens- und Gewissensfreiheit wird als eines der klassischen Grundrechte anerkannt. Schon vor Ende des Krieges arbeiten Christen und Kommunisten im Nationalkomitee Freies Deutschland zusammen.

---

(5)   Vgl. Kirchliches Amtsblatt der Kirchenprovinz Berlin-Brandenburg 1946, S.19f.

(6)   Die entschädigungslose Enteignung der deutschen Fürsten durch einen Volksentscheid gelang im Jahre 1926 nicht. In kirchenamtlichen Erklärungen hieß es damals: "Die geplante entschädigungslose Enteignung bedeutet die Entrechtung deutscher Volksgenossen und widersprich klaren und unzweideutigen Grundsätzen des Evangeliums." Entschließung des Deutschen Evangelischen Kirchenausschusses vom 5.6.1926, in: H.Prolingheuer: Kleine politische Kirchengeschichte, Köln 1987(3), S.30.

(7)   Vgl. H. Dähn, a.a.O. S.19.

In den späteren Diskussionen um den Entwurf einer Verfassung in der SBZ wird dann auch folgerichtig die Position der Glaubens- und Gewissensfreiheit (Weimarer Verfassung) eingenommen, obwohl bereits die ideologische Abgrenzung forciert wurde.

Bündnispartner: Die Grundrechte auf "Gesinnungs- und Religionsfreiheit" hatten für die SED die Qualität und Funktion von Gestaltungsrechten. Sie sind somit lediglich ein Angebot des Staates (SED), am Aufbau einer antifaschistisch-demokratischen und später sozialistischen Gesellschaftsordnung aktiv mitzuwirken. Der Zusammenschluß der antifaschistisch-demokratischen Parteien in der SBZ wird 1946 vom Zentralsekretariat der SED definiert: "Vor das Trennende ihrer verschiedenen Weltanschauungen haben sie das Einigende gestellt, die Verantwortung vor der Zukunft. Am Neuaufbau Deutschlands haben auch die Kirchen aller Konfessionen teil. Das Ziel heißt: Überwindung des Faschismus durch Demokratie und Sicherung des Friedens!" (8)

Ideologie: Die Aufgaben der Kirchen sollten aber auf den kultischen Bereich reduziert werden (Terminus: Erfüllung religiöser Aufgaben). Verantwortung für und Einflußmöglichkeiten auf gesellschaftliche oder gar politische Bereiche wurden in der Praxis nicht konzediert.

Die organisatorische Trennung der Kirche von Staat und Schule wird bereits im Programm der SED (1946) postuliert und schrittweise durchgeführt. Staatliche und kirchliche Aufgabenstrukturen sollten möglichst genau voneinander abgegrenzt werden. Einen "christlichen Sozialismus" sollte es in der SBZ

---

(8)   SED und Christentum – eine notwendige Klarstellung des ZK der SED, vom 27.8.1946, in: Dokumente der SED, Berlin 1948, S.80.

nicht geben. (9) Es bestand nach der Berlinblockade sogar zeitweilig die Absicht, die kirchliche Verwaltung und das kirchliche
Vermögen vom Staat treuhänderisch übernehmen zu lassen.

Die in der Ideologie des Marxismus-Leninismus konstitutiv
bestimmende atheistische Komponente war auch theoretische
Leitlinie bei der "Diktatur des Proletariats". Man ging davon aus,
daß Religion im Sozialismus eine absterbende Angelegenheit sei.
Mit der Entwicklung der Partei neuen Typus, wird dann auch
nach der Währungsreform der eigene deutsche Weg zum Sozialismus aufgegeben. Gleichzeitig drängt die SED in ihrer Partei-
ideologie die Kirche als Bündnispartner zunehmend zurück. (10)

1.2.2. Bündnispartner

Trotz der programmatischen Trennung von Kirche und
Staat wurde die Kirche aus politischen Gründen dennoch als ein
Bündnispartner angesehen. Traditionell war dieses Verhalten
schon 1943 im NKFD während der Kriegsgefangenschaft ange-
legt. Der Arbeitskreis der Christen im NKFD erarbeitete Konzepte zur Kirchenerneuerung und nahm Stellung zu allgemeinen politischen Fragen. (11)

Umerziehung: Das Hauptziel der SED nach dem Krieg bestand in einem friedlichen Übergang vom Kapitalismus zum Sozialismus. Gemeinsam sollten Lehrer, Erzieher und P f a r r e r
für die Umerziehung der Menschen in dieser Zeit gewonnen
werden. Da der Übergang ohne Störungen erfolgen sollte und

---

(9)   Vgl. H. Dähn, a.a.O. S.22.
(10) Vgl. zur Theorie vom Absterben der Religion und zur Ideologie des
Atheismus den DDR-Philosophen Olof Klohr (Hrg.): Religion und Atheismus
heute. Berlin 1966
(11) Vgl. Klaus Drobitsch: Christen im Nationalkomitee Freies Deutschland,
Berlin/DDR 1973.

der größte Teil der Bevölkerung kirchlich gebunden war, vertrat man in der Praxis die Meinung, Religion sei Privatsache und es sei Toleranz geboten.

Verantwortung: "Die SED ist ... der Auffassung, daß weltanschauliche Unterschiede keinen Anlaß geben, die verschiedenen Richtungen der auf bauenden Kräfte gegeneinander auszuspielen. ... Die frühere allgemeine Ablehnung der Kirche durch die sozialistische Arbeiterbewegung galt nicht dem christlichen Glauben. Sie galt der Kirche als Machtinstrument der herrschenden Klasse ... Der Sozialismus hat sich immer zu dem Grundsatz bekannt: Der Glaube ist eine persönliche Angelegenheit des einzelnen Menschen! ... Wir wollen keinen Kulturkampf! Es würde den Aufbau des demokratischen Deutschlands gefährden. Nicht von uns droht dem Christentum Gefahr, wohl aber von jenen Kreisen, die es jetzt wieder in den politischen Tagesstreit zerren wollen. Es geht also nicht um eine Kampffrage: Christentum oder Marxismus, sondern um die gemeinsame Verantwortung gegenüber der Zukunft Deutschlands, die in voller Größe steht vor Christentum und Marxismus." (W. Pieck und O. Grotewohl am 27.8.1946) (12)

Diktatur und Bündnis: Je nach politischer Notwendigkeit wurde in den späteren Jahren entweder die "atheistische Diktatur" oder die "Bündnispolitik" hervorgehoben. Aus dieser Taktik von Bündnis- und Trennungspolitik konnten marxistische Ideologen und christliche Theologen das jeweils Brauchbare für ihre theoretischen und kirchenpolitischen Konzeptionen herausgreifen (Dibelius, Fuchs, Schönherr).

Für politisch uninteressierte Christen waren aber die Handlungsweisen des Staates und der Kirchen oftmals undurchsichtig und nicht berechenbar. In Runderlässen der Kirchen an die

---

(12) Dokumente der SED, Berlin 1948, a.a.O. S.80.

Pfarrerschaft wird eine Zugehörigkeit von kirchlichen Amtspersonen zu politischen Gruppen und Parteien zwar gebilligt, von einer Mandatsübernahme aber abgeraten, da ständig die Gefahr bestand, in dem wechselseitigen Gebrauch von Bündnis- oder Trennungspolitik von der SED politisch vereinnahmt zu werden. (13)

1.2.3. Einheitsschule

Erziehungsmonopol: Die demokratische Reform des gesamten Bildungs- und Erziehungswesens führte zum Aufbau der Einheitsschule. Allein die staatlichen Bildungsträger bestimmten Erziehungsziele, Lehrinhalte und Unterrichtsmethoden. Der Staat hatte das Erziehungsmonopol.

Private Konfessionsschulen und weltanschauungsfreie Schulen wurden nicht geduldet. Die Institution Kirche wurde auf Grund der in der Praxis radikal verstandenen Forderung nach Trennung von Staat und Kirche aus dem schulischen Erziehungsprozeß vollständig ausgegrenzt. Ebenso wurde das sogenannte Elternrecht erheblich eingeschränkt.

In dem "Gesetz zur Demokratisierung der deutschen Schule" vom 31.05.1946 wird festgelegt: "Die schulische Erziehung der Jugend ist ausschließlich Angelegenheit des Staates. Der Religionsunterricht ist Angelegenheit der Religionsgemeinschaften;..." (14)

Erziehungsträger: Gegen diese Einheitsschule gab es innerhalb der Kirche erheblichen Widerstand. Zwar wurde nicht die generelle Kompetenz des Staates bestritten, auf dem Gebiet

---

(13) Vgl. H. Dähn, a.a.O. S.28.
(14) Gesetz zur Demokratisierung der deutschen Schule vom 31.Mai 1946. In: Dokumente zur Geschichte des Schulwesens in der DDR, Teil 1 (1945-55) Berlin/DDR 1969, S.208.

des Schulwesens dominierend zu sein, besonders was die Bereitstellung der materiellen Mittel betraf, jedoch wurde heftig gegen die Absicht protestiert, den Erziehungsträger "Eltern" aus dem Erziehungsprozeß auszuschalten.

Widerstand: "Wer gibt dem Staat, genauer gesagt: denen, die den Staat im Augenblick regieren, das Recht, darüber zu bestimmen, in welchem Geist unsere Kinder erzogen werden sollen? Nach biblischer Lehre tragen die Eltern und niemand sonst die Verantwortung für das, was aus ihren Kindern wird." (Otto Dibelius in einer Rede zum Tag der Evangelischen Kirche am 27.04.1947) (15) Eine christliche Erziehung ist nach kirchlicher Auffassung nur gewährleistet, wenn Schule, Eltern und Kirche am Erziehungsprozeß beteiligt sind.

Der Kirche ging es nun aber nicht um die christliche Schule als einem allgemeinen Regeltyp. Sie wollte lediglich die Möglichkeit der Konfessionsschule (oder Simultanschule), "wo eine starke Mehrheit der Elternschaft es verlangt", mit christlichen Lehrern und einheitlicher Ausrichtung des Unterrichts und der Erziehung, die den christlichen Grundsätzen nicht widerspricht. (16)

Ev. Schule: Theologisch begründet wurde diese Forderung mit dem bei der Taufe der Kinder abgegebenen elterlichen Versprechen, für eine christliche Erziehung Sorge zu tragen. Liegt das Erziehungsmonopol jedoch allein in staatlichen Händen, wäre dieser Erziehungsauftrag gefährdet.

Lediglich in West-Berlin kam es im September 1948 zur Gründung von fünf evangelischen Grundschulen und einem Gymnasium. An den anderen Schulen konnte Christenlehre

---

(15) O.Dibelius: Die tragende Mitte. Gottesdienstliche Rede, gehalten aus Anlaß des Kirchentages der ev. Kirche Berlins am 27.April 1947, Tübingen 1948, S.15.

(16) ausführlich zum Problem der Bildungspolitik bei H. Dähn, a.a.O, S.29-42

meistens auch problemlos erteilt werden. Auf dem Lande (SBZ) sah es dagegen weit schlechter aus. Der Kirche war es nur schwer möglich, Religionslehrer zur Verfügung zu stellen. Religionslehrer, die z.b. früher der NSDAP angehört hatten, durften keinen Unterricht mehr erteilen. Ebenso wurde durch alle Arten von Schikanen verhindert, Unterrichtsräume zur Verfügung zu stellen.

1.2.4. antireligiöse Propaganda

Religionsunterricht: Die atheistisch fundierte Weltanschauung des Marxismus-Leninismus sollte zur Grundlage der Gesamtpolitik gemacht werden. Der Handlungsspielraum der Kirche, gerade bei der Erziehung und Bildung, wurde dadurch mehr und mehr eingeschränkt. Religionsunterricht an den Schulen, so wie er anfangs noch von der CDU gefordert wurde, konnte von der SED nicht akzeptiert werden.

Weltanschauung: Sie schaffte es aber nicht, einen aktiven Kampf gegen die Kirchen mit Hilfe offensiver antireligiöser Propaganda verfassungsrechtlich zu sichern. Jedoch blieb diese Zielsetzung nach dem Vorbild sowjetmarxistischer Pädagogik immer bestehen und lieferte somit besonders in den fünfziger Jahren ein gravierendes Konfliktpotential zwischen Staat und Kirche.

Später flaute die antireligiöse Propaganda ab und seit den siebziger Jahren sicherten sich dann Staat und Kirche auf ideologischem Gebiet gegenseitig Rechtgläubigkeit zu. (17)

---

(15) O.Dibelius: Die tragende Mitte. Gottesdienstliche Rede, gehalten aus Anlaß des Kirchentages der ev. Kirche Berlins am 27.April 1947, Tübingen 1948, S.15.

(16)   ausführlich zum Problem der Bildungspolitik bei H. Dähn, a.a.O, S.29-42

1.3.1. Evangelische Kirche in Deutschland (EKD)

Der würtembergische Landesbischof Theophil Wurm hatte seit Herbst 1941 versucht, zwischen den zerstrittenen Richtungen der Bekennenden Kirche zu vermitteln. Alle bekenntnisgebundenen Gruppen in der evangelischen Kirche sollten gemeinsam handeln. Dieses Einigungswerk Wurms wurde dann nach dem Ende des Krieges bestimmend für die Neuordnung der Kirche. (18)

Konferenz in Treysa: Im August 1945 kamen die Vertreter der Landeskirchen und der Bruderräte auf Einladung Wurms zur Kirchenführerkonferenz in Treysa zusammen. Mit Mühe gelang es, die Gegensätze zu überbrücken und einen neuen Kirchenbund, die Evangelische Kirche in Deutschland (EKD), zu konstituieren. Man einigte sich vorerst auf eine vorläufige Ordnung und einen Rat als oberstes Leitungsgremium. Dabei wurde nicht die Ordnung der Bruderräte aufgenommen, sondern primär die überlieferten landeskirchlichen Strukturen (einschließlich Bischofsamt), welche in der Tradition des Kirchenbundes und der Deutschen Evangelischen Kirche (DEK) lagen. (19) Ausschlaggebend für diese Entscheidung waren die konservativen lutherischen Kirchen (Bayern, Hannover, Hamburg, Land Sachsen, Thüringen und Mecklenburg). (20)

Der Theologe Paul Schempp schreibt 1949 in einem KTA-Rundbrief: "Soweit ich sehe, haben die Kirchen in Deutschland,

---

(17) Vgl. Rolf Henrich: Der vormundschaftliche Staat. Vom Versagen des real existierenden Sozialismus, Hamburg 1989, S.243ff.

(18) Vgl. K.Scholder: Die evangelische Theologie und Kirche nach dem Kriege. In: Ökumenische Kirchengeschichte Bd III, Mainz 1974, S.303f.

(19) Vgl. O.Dibelius: Ein Christ ist immer im Dienst, Stuttgart 1961, S.257 und S.262.

(20) Vgl. Robert Stupperich: Otto Dibelius. Ein evangelischer Bischof im Umbruch der Zeiten, Göttingen 1989, S.375.

einzeln und gemeinsam, mit frommen Eifer und unter gelegent-
lichen Hemmungen, ihre bisherige Unordnung wieder zur Ordnung erklärt und außer einer gewissen Biblifizierung des Voka-
bulars ist es, als ob es nie eine Bekennende Kirche gegeben
hätte."(21)

Rat der EKD: Der Rat der EKD bestand aus 7 federfüh-
renden und 5 weiteren Mitgliedern. Die ersteren waren: Landesbischof D. Wurm (Stuttgart), Vorsitzender, D. Dibelius (Berlin),
Superintendent Held (Essen), Dr. Lilje (Hannover), D. Meiser
(München), Pfarrer Niemöller D.D. (z.Zt. Leoni/Bayern), Lic.
Niesel(Reelkirchen). Die weiteren Mitglieder waren: Pfarrer As-
mussen D.D. , Superintendent Hahn, Dr. Heinemann (Essen),
Prof. Dr. Smend (Göttingen), Oberstudiendirektor Meier (Al-
tona) .

Die Verteilung der Ratsmitglieder entsprechend den Besatzungszonen ergab der Zufall. So kam es, daß Otto Dibelius zu-
nächst als einziges Ratsmitglied die Ostkirchenkonferenz, die
sich als Zusammenschluß der Landeskirchenführer der lutherischen Kirchen und der Altpreußischen Provinzialkirchen im Juni
1946 herausbildete, vertrat. (22)

1. Synode der EKD: Die Grundordnung der EKD (1948)
bestätigt die restaurierenden Tendenzen. Die Landeskirchen be-
hielten ihre Selbständigkeit. Rat und Synode der EKD hatten faktisch nur eine Richtlinienkompetenz. Die neue Grundordnung
kann deshalb als eine Fortführung und Weiterentwicklung der
Verfassung des Kirchenbundes von 1921 angesehen werden. (23)

Die erste Synode der EKD   tagte dann   im Januar 1949 in

---

(21)   zitiert in: H.Prolingheuer: Wir sind in die Irre gegangen, Köln 1987, S.192.
(22)   Vgl. Kirchliches Amtsblatt der Kirchenprovinz Berlin-Brandenburg 1945,
S.2 und R.Stupperich, a.a.O. S.381 und S.3B4.
(23)   Vgl. K.Scholder, a.a.0. S.303f.

Bethel. Zum Ratsvorsitzenden wurde Bischof Otto Dibelius und zum Präses der Synode wurde Gustav Heinemann gewählt. Die Wahl von Dibelius war von erregten Debatten begleitet.

Klerikalismus: Abgesehen von dem Verschwinden der Deutschen Christen und ihrem Nationalprotestantismus (deutsch = christlich) herrschten in der Kirche etwa die gleichen Strukturen und die gleichen Tendenzen, die 1933 zu ihrem Untergang geführt hatten. Darüber hinaus kommt es vielfach zu einem verstärkten Konfessionalismus und Klerikalismus. Fragen der Liturgie, und nicht die Erneuerung der christlichen Botschaft und ihre Anwendung auf die neu entstandene Lage, werden in den Vordergrund der Probleme gerückt.

Jedoch bestand allgemein ein kritisches Verhältnis zu Staat und Gesellschaft, daß sich aber in sehr verschiedener Weise äußern konnte. (24) Die inneren Spannungen der EKD treten dann 1950 bei der politischen Entscheidung zur Wiederbewaffnung offen zu Tage.

1.3.2. Evangelische Kirche in der SBZ

Trennung Ost-West: Die Landeskirchen und die EKD standen von Anfang an mit dem Problem der Teilung und der Frage der Wiedervereinigung vor einer schwierigen Situation. Die Gliedkirchen in der SBZ unterlagen zunehmend anderen Bedingungen als ihre westlichen Schwesterkirchen. Die Einführung verschiedener Währungen begünstigte die Trennung der Kirchen in Ost- und Westregionen.

In einem Wort der EKD zur deutschen Not wurde im Juli 1948 gewarnt: "Die Aufrechterhaltung der Zonengrenzen und alle Maßnahmen, die auf eine endgültige Aufspaltung Deutschlands hinauslaufen, müssen zu immer weiterer Verelendung

---

(24) Ebd.

und zur Auflösung der sittlichen Bindungen führen."(25)

Darüber hinaus versuchte der sich in der SBZ herausbildende atheistische Weltanschauungsstaat die Einflußmöglichkeiten der Kirchen zu beschränken. Kirchenpolitische Entscheidungen waren zudem oftmals vom Antikommunismus geprägt und verschärften indirekt und ungewollt das Auseinanderleben der Kirchen.

EKU und VELKD: In den Jahren 1948-51 kam es in den einzelnen Landeskirchen zu einer Festigung der kirchlichen Ordnungen. Für die Kirchen in der SBZ war mit der Beendigung des Streites um den Fortbestand der Evangelischen Kirche der altpreußischen Union (APU zur EKU) und mit der Gründung der VELKD, die mit ihrer übergreifenden Gesetzgebung den Anspruch einer Kirche erhob, der 'Kirchenbildungsprozeß' vorerst abgeschlossen. (26)

Christlich-politisch: Innerhalb der Kirche wurden von vielen die neuheidnisch-germanischen Gruppen der Nazis und im nachhinein dann der gesamte Nationalsozialismus als die Höchststufe der Säkularisation betrachtet. Unter Verdrängung der eigenen kirchlichen Schuld bedeutete Antifaschismus daher: "Zurück zu Gott und unter seine Autorität" (In diesem Punkt waren sich z.B. Kirche und CDU einig). In der Politik sollten christliche Grundsätze zum Tragen kommen.

Die Kirche nahm deshalb mit Wohlwollen die Bildung einer christlich-politischen Partei auf die dann als angebliches Ergebnis des Kirchenkampfes favorisiert wird. (27)

---

(25) in: Kirchliches Amtsblatt der Kirchenprovinz Berlin-Brandenburg 1948, S.42

(26) Vgl. a.a.O. 1946, S.13f und 1949, S.3 (Anlage); ebenso R.Stupperich, a.a.O. S.386ff.

(27) Vgl. R.Stupperich, a.a.O. S.362; Vgl auch H.Prolingheuer: Wir sind in die Irre gegangen, a.a.O. S.168.

linke Kräfte: Gegensätze theologischer und politischer Natur traten jedoch bald zu Tage. Bereits im September 1944 hatten Krummacher und Sönnichen im Arbeitskreis der Christen des NKFD ihr Konzept zur kirchlichen Erneuerung entwickelt. (28) Die linken Kräfte sammelten sich dann später, nachdem die Bekennende Kirche von den alten und wieder neuen Kirchenführern geschickt aufgesplittert worden war, in der Kirchlich-Theologischen Arbeitsgemeinschaft für Deutschland (KTA). (29) Ihr Einfluß wurde jedoch auf Grund der politischen Entwicklung zwischen Ost und West und mit Hilfe der Kirchenbürokratie zunehmend gemindert.

Volkskirchenkonzept: Der "Radikalen" Minderheit der Barmenser und Dahlemiten stand immer eine starke restaurative Richtung gegenüber, die durch Dibelius mit seinem Volkskirchenkonzept vertreten wurde. Da viele einflußreiche Kirchenleute hinter ihm standen, kann man auch allgemein vom 'Dibelianismus' sprechen. Neben den klerikalen Vorstellungen wurde hier auch ein ausgeprägter Antikommunismus gepflegt, der im Bewußtsein der Christen weit verbreitet war.

SED-Pfarrer: Als Nachfolger der religiösen Sozialisten bildet sich in der SBZ der freie Kreis der SED-Pfarrer (Arbeitsgemeinschaft für Christentum und Sozialismus - Friedenspfarrer, 'fortschrittliche' Pfarrer). Gegen die bei der Wahl von der CDU ausgerufene Ausschließlichkeitsparole "Christentum oder Marxismus" stellten sie ihr "christliches Bekenntnis zum Sozialismus" auf. Im August 1945 legte Krummacher vor Walter Ulbricht die kirchliche Entwicklung in der SBZ in drei Gruppierungen dar:
1. Politische Pfarrer (religiöse Sozialisten, Friedenspfarrer, etc.)
2. Pfarrer "ohne Politik" (Dibeliusanhänger, rechte Kreise)

---

(28)   Vgl. K.Drobitsch, a.a.O. S.253.
(29)   Vgl auch H.Prolingheuer: Wir sind in die Irre gegangen, a.a.O. S.171f.

3. Pfarrer ohne gesellschaftliche Vorstellungen (Mehrheit der Geistlichen) (30)

Nachdem die SED ihre Politik stärker auf Trennung von Staat und Kirche ausgerichtet hatte, schwört Dibelius die 8 Bischöfe der Landeskirchen in der SBZ auf sein antikommunistisches Volkskirchenkonzept ein. In einem Brief der im Mai 1948 auf der Ostkirchenkonferenz verfaßt wird, teilt man der Besatzungsmacht (Sokolowski) mit, daß es den Pfarrern zukünftig untersagt ist, sich nach Aufforderung durch politische Gruppierungen, positiv zu gesellschaftlichen Vorgängen zu äußern. Der Einfluß der 'fortschrittlichen' Pfarrer und der kirchlichen Opposition der EKD und BK auf die kirchliche Entwicklung wird damit durch Kirchenzucht weiter beschränkt. (31)

1.3.3. Statistik

Nach dem 2. Weltkrieg gehörten ca. 90% der Bevölkerung der evangelischen Kirche an. Einen genauen und quantitativen Überblick über die Kirchenmitglieder in der SBZ zu geben, fällt schwer, da es nur lückenhaftes Zahlenmaterial gibt. Die ersten drei Volkszählungen (1946, 1950, 1964) ergaben noch Material

---

(30) Vgl. F.W.Krummacher: Gedanken über den kirchlichen Dienst, in: "Zeichen der Zeit" Nr.1/1947. Es gab auch Pfarrer die Mitglieder der SED waren. Sie gehörten bis 1946 der SPD an und wurden durch die Zwangsvereinigung von SPD und KPD Mitglieder der SED. Zu nennen wären z.B. Pf r. Rackwitz (Berlin-Neukölln), Domprediger Kleinschmidt (Schwerin), OKR Meinecke (Dresden). Siehe dazu auch Emil Fuchs: Mein Leben. Bd. 1-2, Leipzig 1957-59, und Arthur Rackwitz: Christ und Sozialist zugleich.

(31) Anordnungen des Bischofs und der Kirchenleitung von Berlin-Brandenburg zur Beschränkung der politischen Tätigkeit bei Pfarrern siehe Schreiben des Konsistoriums: K.I. 689/50 vom 14.2.50 (Beitrittsverbot zu Organisationen), K.I.Nr.2009/50 vom 5.5.50 (keine Beteiligung an Unterschriftensammlungen), K.I.Nr. 1181/50 vom 20.3.50 (keine Mitwirkung in politischen Organisationen).

zur Kirchenzugehörigkeit, womit zumindest Aussagen über Trends der kirchlichen Entwicklung gemacht werden können.

Säkularisierung: Bis zur Gründung der DDR gab es auf dem Gebiet der SBZ keinen nennenswerten Schrumpfungsprozess der Kirchenmitgliederzahlen. Dieser setzte erst in den fünfziger Jahren ein, als die SED den Aufbau des Sozialismus mit Atheismuskampagnen beschleunigen wollte. Der Rückgang der Mitgliederzahlen zwischen den Jahren 1939 und 1950 beruht größtenteils auf dem allgemeinen Säkularisierungsprozeß der Gesellschaft. Insofern unterscheidet sich die Entwicklung in der SBZ nicht von der in den westlichen Besatzungszonen. (32)

Taufen	Jahr	evangelische Taufen in % der Geburten
	1946	87,7 %
	1950	86,4 %
	1952	80,9 %
	1960	31,0 %
	1970	24,0 %

Kirchen zugehörigkeit	Jahr	Ev. Christen Stadt/Land	Stadt	Kath Christen
	1925	-	84,0 %	-
	1939	85,7 %	-	7,2 %
	1946	81,9 %	68,6 %	11,9 %
	1950	80,5 %	66,6 %	11,0 %
	1964	59,4 %	(41,4 %)	8,1 %

(32) Zahlenmaterial aus: W.Büscher: Unterwegs zur Minderheit - Eine Auswertung Konfessionsstatistischer Daten, in: R.Henkys (Hrg): Die ev.Kirche in der DDR, München 1982, S.423.

1.3.4. Kirchliches Leben

Aufgaben:..... Die Nachkriegsauswirkungen und die allgemeine Not schränkten die kirchliche Arbeit erheblich ein. Aber in den folgend Jahren kam es im wesentlichen wieder zu den althergebrachten Lebensäußerungen der Evangelischen Kirche. In einem kirchlichen Verzeichnis für die sowjetische Besatzungsmacht mit der Oberschrift "Aufgaben der Evangelischen Kirche in der Mark Brandenburg" wurde die Arbeit der Kirche aufgelistet. (33)

Schwerpunkte: Folgende Schwerpunkte lassen sich exemplarisch für die Kirchen in der SBZ darstellen:

1.) Gottesdienstliche Veranstaltung (Haupt- und Nebengottesdienste, Kindergottesdienste, Jugendgottesdienste, Flüchtlingsgottesdienste, Liturgische Feiern, Kirchenkonzerte, Amtshandlungen)
2.) Bibelstunden (für einzelne Stände und Altersstufen, Bibelarbeit, Rundgespräche unter der Führung von Laienhelfern)
3.) Veranstaltungen der Werke der Kirche (Äußere und Innere Mission, Gustav-Adolf-Werk, Evangelischer Bund, Frauenhilfe, Männerdienst, Jugendverbände, Evangelisches Hilfswerk)
4.) Einrichtungen der Werke der Kirche (Kindergärten, Kinder- und Jugendheime, Schwesternstationen, Krankenhäuser, Altersheime, Wärmehallen und Volksküchen, Fürsorgeanstalten, Ausbildungsstätten, Heime und Arbeitsstätten für Heimkehrer, Diakonissenhäuser etc.)

---

(33) in: Kirchliches Amtsblatt der Kirchenprovinz Berlin-Brandenburg 1947, S.45

5.) Jungendunterweisung (Religionsunterricht, Konfirmandenunterricht, Christenlehre, Jugendgruppen, Evangelische Schulen, Katechetische Seminare und Kurse zur Ausbildung der Lehrkräfte, Kirchenchöre, Singekreise)

6.) Kirchliche Verwaltung (Kirchenratssitzungen, kirchliche Büros und Zahlstellen, Pfarrkonvente, Synoden, Kammern und Ausschüsse, Kirchentage, Sitzungen der Kirchenleitung, Kirchliche Armenpflege, Sammlung und Betreuung der Ostflüchtlinge, Versorgung der Ruheständler)

7.) Öffentlichkeitswirken (Kirchentage, Volksmissionswochen, Posaunenmission, Evangelisationen, Bibelwochen, Erklärungen und öffentliche Stellungnahme zu wichtigen Fragen des Volkslebens)

8.) Schriftendienst (Verlagsanstalten, Sonntagsblätter, christliche Literatur, Büchereien)

9.) Amtliche Nachrichten und Verfügungen (Kirchliches Amtsblatt, Hirtenbriefe, Verfügungen und Mitteilungen für kirchliche Angestellte)

1.4.1. Barmen

Theologische Grundordnung: Die Kirche war bestrebt, im Jahre 1945 einen neuen Anfang zu machen. Das theologische Fundament für diese Bemühungen, auch um eine neue Sichtweise des Verhältnisses von Kirche und Welt (Staat) zu erhalten, waren die sechs Sätze der "Barmer Theologischen Erklärung" von 1933. Sie wurden später in den meisten Grundordnungen der aus der DEK hervorgegangenen Kirchen und Kirchenbünde kirchenrechtlich verbindlich. (34)

---

(34) Pfarrer wurden z.B. seitdem in ihrem Ordinationsgelübde auf das Bekenntnis von Barmen verpflichtet.

I. .... Jesus Christus ist das eine Wort Gottes - keine anderen Quellen der Verkündigung. (Ablehnung einer natürlichen Theologie, Ablehnung der Offenbarung aus der geschichtlichen Stunde Uroffenbarung)

II. .... Vorzugsherrschaft Christi in allen Bereichen des Lebens Befreiung aus den gottlosen Bindungen dieser Welt. (Einschränkung der luth. Zwei-Reiche-Lehre)

III. .... Christliche Kirche ist Eigentum des Herrn - sie paßt sich nicht beliebig den jeweils herrschenden weltanschaulichen und politischen Überzeugungen an. (Ablehnung der Staatskirche)

IV. .... Ämter in der Kirche sind gleichberechtigt; keine Führer mit Herrschaftsbefugnissen (Ablehnung des Führerprinzips, Papsttum)

V. .... Staat soll für Recht und Frieden sorgen er ist aber nicht die einzige und totale Ordnung des menschlichen Lebens die Kirche darf sich nicht staatliche Aufgaben aneignen. (Einschränkung der Vorzugsherrschaft Christi, Ablehnung totalitärer Staatsformen - Kirche hat Wächteramt, Ablehnung der Staatskirche)

VI. .... Auftrag der Kirche ist die Verkündigung der Botschaft von der freien Gnade Gottes - Kirche ist nicht Selbstzweck

1.4.2. Theologische Richtungen

Rationalität: Karl B a r t h hat mit seiner "Kirchlichen Dogmatik" ein einflußreiches dogmatisches Werk geschaffen. Die 'Auslegung der Offenbarung' war das wichtigste Anliegen als Ausdruck seiner 'Sachlichkeit der Theologie'. Die damit angesprochenen säkularen Fragestellungen wirkten sich auf allen Gebieten der Theologie aus und beeinflußten die kirchliche Entwicklung nachhaltig. (35)

An wichtigen kirchlichen Äußerungen hat er bis in die Formulierungen hinein maßgeblich mitgewirkt (Barmer Theologische Erklärung). Seine in differenzierter Weise geübte und geforderte Weltverantwortung, deren Grundlage sein Modell von "Christengemeinde und Bürgergemeinde" ist, gab bleibende aber nicht unumstrittene Anstöße zur gesellschaftlichen Neuorientierung einer christlichen Existenz. (36)

mythische Weltbilder: Rudolf B u l t m a n n hat mit der 'Entmythologisierung des Neuen Testaments' ein anderes theologisches Thema zur Sprache gebracht. Das Verhältnis von historischen Bedingungen und theologischem Anspruch wurde neu bestimmt. Das neutestamentliche Weltbild ist lediglich 'ein mythisches' und braucht deshalb heute von uns nicht übernommen werden.

"Der Sinn des Mythos sei nämlich nicht der, ein 'objektives Weltbild zu geben', vielmehr spreche sich in ihm aus, 'wie sich der Mensch selbst in seiner Welt' verstehe; er müsse also 'anthropologisch besser: existenzial interpretiert werden'.

Die Vehemenz, mit der diese Thesen seit 1948 diskutiert wurden, hatte mancherlei Gründe. Der entscheidende war wohl, daß hier neben dem objektivierenden Denken Karl Barths eine stärker existenzbezogene Theologie ins Blickfeld rückte, die den allgemeinen Tendenzen der Nachkriegszeit sehr entgegenkam." (37)

---

(35) Vgl. K.Scholder, a.a.O. S.306.
(36) Zum Überblick über sein politisches Wirken vgl. Daniel Cornu: Karl Barth und die Politik, Wuppertal 1969.
(37) K.Scholder, a.a.O. S.306.

Die Entmythologisierung hatte auch innerhalb der Gemeinden unmittelbare Auswirkung auf Glaube und Predigt. Viele sahen hier fundamentale Grundsätze christlichen Selbstverständnisses und der Frömmigkeit gefährdet. Bultmanns Hermeneutik war dann auch über die Theologie hinaus für die Geisteswissenschaften von Bedeutung.

Religionslosigkeit: Dietrich B o n h o e f f e r s These von 'der Weltlichkeit der Welt' (mündige Welt) wurde aufgegriffen und rückte den Gedanken der Solidarität und der Brüderlichkeit in den Vordergrund der Diskussionen. Kirche ist nur Kirche wenn sie für andere da ist. Christsein besteht aus Beten und Tun des Gerechten.

In seinen Briefen aus der Gestapohaft schrieb er: "Was mich unablässig bewegt, ist die Frage, was das Christentum oder auch wer Christus heute für uns eigentlich ist. Die Zeit, in der man das den Menschen durch Worte - seien es theologische oder fromme Worte - sagen könnte, ist vorüber; ebenso die Zeit der Innerlichkeit und des Gewissens, und d.h. eben die Zeit der Religion überhaupt. Wir gehen einer völlig religionslosen Zeit entgegen ... Wie kann Christus der Herr auch der Religionslosen werden? Gibt es religionslose Christen?" (38)

Volkskirche: Otto D i b e l i u s Ansichten wurden nicht zuletzt in seiner Funktion als Ratsvorsitzender der EKD für die Entwicklung der Kirchen in der SBZ wichtig. Er unterschied sich von den drei oben genannten darin, daß er grundsätzlich die Volkskirche erhalten wollte (Gemeinde - volkskirchliche Strukturen - Bischofsamt). Seine restaurative Kirchenpolitik, die oft vom Antikommunismus getragen war, wurde für eine breite Mehrheit der kirchlichen Amtsträger wegweisend. (39)

---

(38) K.Scholder, a.a.O. S.308.   (39) Die Biographien über Otto Dibelius sind, besonders was seine Kirchenpolitik während der Zeit des Nationalsozialismus betrifft, widersprüchlich.

1.4.3. Stuttgarter Schulderklärung

Schuldbegriff: Die Kategorie der Schuld in ihrer moralisch-theologischen, politischen und rechtlichen Dimension ist der zentrale Begriff, der in allen Bekundungen kirchlicher Gremien immer wieder auftaucht. (40) Jedoch wird der Schuldbegriff sehr unterschiedlich und mit verschiedenen Zielvorstellungen ausgelegt.

Nach der Kapitulation gibt es in der Evangelischen Kirche nur wenige Christen, die den Einmarsch der Alliierten als Befreiung empfinden, deshalb wird in den Kirchen, bevor es zur Stuttgarter Erklärung kommt, Schuldzuweisung an andere und Selbstgerechtigkeit geübt. (41)

- 10.05.45 "Wort an unser Volk" Landesbischof Theophil Wurm in Stuttgart
- 31.07.45 "Wort der Berliner Bekenntnissynode an die Pfarrer und Gemeinden"
- 31.08.45 "Wort an die Gemeinden" beschlossen auf der 1.Konferenz in Treysa
- 19.10.45 "Erklärung des Rates der EKD gegenüber den Vertretern des Ökumenischen Rates der Kirchen" (Stuttgarter Schulderklärung)
- 08.08.47 "Wort des Bruderrates der EKD zum politischen Weg unseres Volkes" (Darmstädter Bruderratswort)

Die im August 1945 in Treysa gebildete vorläufige Leitung der EKD verfaßte unter Schwierigkeiten und vielen Kompromissen in der Stuttgarter Erklärung ihr erstes Schuldbekenntnis (von

---

(40) Vgl. H.Dähn, a.a.O. S.25.
(41) Vgl auch H.Prolingheuer: Wir sind in die Irre gegangen, a.a.O. S.76 und 8.87.

Dibelius und Niemöller formulierte Schulderklärung zum Versagen der Kirche).

Die Ökumene appelliert an die Kirche in Deutschland (Visser't Hooft an Dibelius): "Sie dürfen darauf rechnen, daß wir von uns aus alles tun werden, um die Gemeinschaft wieder aufzunehmen... Dieses Gespräch wird aber sehr viel leichter sein, wenn die Bekennende Kirche Deutschlands sehr offen spricht nicht nur über die Missetaten der Nazis, sondern auch besonders über die Unterlassungssünden des Deutschen Volkes, einschließlich der Kirche." (42)

Diese Stuttgarter Erklärung war dann die Initialzündung für eine anhaltende Schulddebatte. "Durch u n s ist unendliches Leid über viele Völker und Länder gebracht worden ... wir klagen uns an, daß wir nicht mutiger bekannt, nicht treuer gebetet, nicht fröhlicher geglaubt und nicht brennender geliebt haben." (43)

politische Schuld: Da die politische Schuld der Kirche kaum angesprochen wurde, trug diese Erklärung somit wenig zur Schuldbewältigung bei. Sie besaß nur eine Alibifunktion gegenüber der Ökumene. Trotzdem wurde sie von der Mehrheit der Christen abgelehnt, denn die Aufgabe der Kirche sah man darin, Trost auszusprechen und nicht Schuldfragen aufzuwerfen. (44)

Die Verantwortlichkeit der Kirchen sollte in der Stuttgarter Schulderklärung so zum Ausdruck kommen:

---

(42)   zitiert aus Theologisches Lexikon, Berlin/DDR 1978 (1), S.387.
(43)   Die Stuttgarter Erklärung des Rates der EKD vom 19.10.1945. In: Hat die Kirche geschwiegen? Das öffentliche Wort der evangelischen Kirche aus den Jahren 1945-64. Hrsg. von G.Heidtmann, Berlin 1964, S.19f.
(44)   Vgl. H.Prolingheuer: Wir sind in die Irre gegangen, a.a.O. S.97 und S.100, ebenso Hanfried Müller: Evangelische Dogmatik Bd.II, Berlin 1978, S.418.

"Das deutsche Volk befand sich auf dem Weg des Irrtums, als es im Jahre 1933 sein politisches Schicksal in die Hand Hitlers legte. Das Elend, das daraufhin Europa und Deutschland selbst zu Boden geworfen hat, ist eine Folge dieses Irrtums. Die evangelische Kirche in Deutschland hat sich durch falsche Weisungen und durch falsches Schweigen solidarisch für diesen Irrtum verantwortlich gemacht." - K. Barth (45)

Diese Sicht der Verantwortung, und damit auch die Grundlage für eine Erneuerung durch Buße (Umkehr), konnte in der Erklärung keinen Eingang finden. Sie war somit das Bekenntnis einer Kirche, die priesterlich die Kollektivschuld ihrer "Brüder nach dem Fleisch', die Verfehlungen lediglich ihrer "Volksgenossen" und nicht die der Kirche bekannte. Das sollte für die weitere Entwicklung der Kirchen in Ost und West, besonders in Bezug auf das Verhältnis Kirche und Staat, Konsequenzen zeigen.

Buße und Trost: Auf der Bekenntnissynode der Mark Brandenburg (24.10.45) wird die allgemeine Auffassung zur Schuldfrage deutlich. Es ging um Buße und Trost. In dem Wort an die Gemeinden heißt es: "Richtet das Gesetz Gottes wieder auf, daß seine heiligen zehn Gebote wieder warnend und mahnend unter uns Geltung gewinnen ... (Gnade Heb. 12.15) daß wir als Volk noch einmal arm und bescheiden anfangen dürfen, ist Gottes Gnade." (46)

Mit der Buße (Umkehr) gab es aber Schwierigkeiten. Das Problem der Verantwortlichkeit wurde verdrängt. Es wurde nach einer Mitschuld der anderen gesucht. Karl Barth hat es so gesehen: "Man muß einmal damit rechnen, daß wahrscheinlich die übergroße Mehrzahl der deutschen Menschen noch heute

---

(45) Karl Barth, zitiert aus Daniel Cornu a.a.0. S.92.
(46) zitiert aus H.Dähn, a.a.0. S.25.

faktisch kaum eine Ahnung davon hat, in welchem kollektiven Wahnsinn sie nun solange gelebt hat ... Man muß auch mit etwas anderem rechnen, nämlich mit der merkwürdigen deutschen Eigenschaft, gerade über unangenehme politische Erinnerungen nachher großzügig hinwegzuleben und sie in ihr Gegenteil umzudeuten." (47) Verantwortliches Denken wird durch die Täter - Opfer Umkehrung fast unmöglich gemacht.

Der "religiöse Tiefsinn" (Barth) der Deutschen bestand darin, die Anerkennung einer konkreten Schuld abzulehnen, mit der theologischen Überhöhung, daß vor Gott schließlich alle Menschen und Völker gleich schuldig sind. Alle Menschen bedürfen deshalb der Vergebung ihrer Sünden. Eine besondere deutsche Buße ist somit nicht nötig und auch nicht angebracht.

1.4.4. Darmstädter Bruderratswort

Sozialistenbeschluß: Nur in dem 2 Jahre später entstandenen "Wort des Bruderrates der Evangelischen Kirche in Deutschland zum politischen Weg unseres Volkes" sind deutlichere Töne zu hören, weshalb es auch von den meisten Christen, soweit sie es überhaupt wahrnahmen, noch schärfer als die Stuttgarter Erklärung abgelehnt wurde. Als "Sozialistenbeschluß" wurde es bekämpft, diffamiert und totgeschwiegen. In der Redaktionskommision, deren Leiter H.J. Iwand war, befand sich kein Theologe aus den Kirchen in der SBZ. (48)

Erst nach der Gründung des Bundes der Evangelischen Kirchen in der DDR wurde es 1970 als theologische Wegweisung in den Mittelpunkt eines von Bischof A. Schönherr gehaltenen Synodalberichts gestellt. Im Gegensatz zu den Nachkriegsjahren, wo die politische und theologische Brisanz dieser Erklärung den

---

(47)   Karl Barth, zitiert aus Daniel Cornu, a.a.0. S.91.
(48)   Vgl. H.Prolingheuer: Wir sind in die Irre gegangen, a.a.0. S.180.

Kirchenmännern voll bewußt war, schien diese Brisanz jetzt von den DDR-Kirchen verkannt zu werden. Jedenfalls zogen sie aus der faschistischen Diktatur keine Konsequenzen auf den real existierenden Sozialismus, einer Erscheinungsform der stalinistischen Diktatur.

christliche Freiheit: 1947 hieß es: "Wir sind in die Irre gegangen, als wir begannen, eine 'christliche Front' aufzurichten gegenüber notwendig gewordenen Neuordnungen im gesellschaftlichen Leben der Menschen. Das Bündnis der Kirche mit den das Alte und Herkömmliche konservierenden Mächten hat sich schwer an uns gerächt. Wir haben die christliche Freiheit verraten, die uns erlaubt und gebietet, Lebensformen abzuändern, wo das Zusammenleben der Menschen solche Wandlungen erfordert. Wir haben das Recht zur Revolution verneint, aber die Entwicklung zur absoluten Diktatur geduldet und gutgeheißen." (49)

In der 7. These wurde nochmals festgeschrieben: "Durch Jesus Christus widerfährt uns frohe Befreiung aus den gottlosen Bindungen dieser Welt zu freiem, dankbarem Dienst an seinen Geschöpfen."

Opposition: "Das Befreiende des 'Darmstädter Wortes' ist für die Opposition in der um 'Barmen' streitenden EKD-Minderheit der Bekennenden Kirche, daß es sich in politischen Dingen nicht auf die 5. These des Barmer Bekenntnisses, auf das Verhältnis von Staat und Kirche, sondern auf den politischen Sprengsatz der 2. These beruft, der in der Ablehnung der Lehre von den 'zwei Reichen' gipfelt: 'als gebe es Bereiche unseres Lebens, in denen wir nicht Jesus Christus, sondern anderen Herren zu eigen wären'. Eine Provokation derer, die das Wesen der Demokratie, 'Alle Gewalt geht vom Volke aus!', auch nach 1945 weder politisch noch theologisch begreifen." (50)

(47) Karl Barth, zitiert aus Daniel Cornu, a.a.0. S.91.

(48) Vgl. H.Prolingheuer: Wir sind in die Irre gegangen, a.a.0. S.180.

(49) zitiert aus Hanfried Müller: Evangelische Dogmatik Bd.II, S.303.

(50) H.Prolingheuer: Wir sind in die Irre gegangen, a.a.0. S.211. Vgl. auch dazu H.Ludwig: Die Entstehung des Darmstädter Wortes, Beiheft zu Junge Kirche 8-9/1977.

Teil II (1949 - 1961) Konfrontation

2.1.1. Aufbau des Sozialismus

Der sich ständig verschärfende Ost-West-Konflikt war eine der entscheidenden Ursachen für zwei Staatsgründungen auf deutschem Boden. Die Alliierten konnten sich über Deutschland nicht mehr einigen. Das wurde besonders sichtbar an den Differenzen über die Kontrollrechte über das Ruhrgebiet, über das Ausmaß der Reparationsleistungen sowie über die Teilnahme am Marshall-Plan (unterschiedliche wirtschaftliche Entwicklung).

Verfassung 1949: Die DDR-Regierung bezeichnete den Zeitraum von 1949 bis etwa 1961 als die Phase des Übergangs vom Kapitalismus zum Sozialismus. Die erste Verfassung von 1949 knüpfte in ihrem Grundrechtsteil und mit ihren parlamentarisch-demokratischen und förderalistischen Elementen noch an die Weimarer Verfassung an. Auch die Wiedervereinigung war darin ein wesentlicher Bestandteil. Schon kurz nach ihrem Inkrafttreten war aber abzusehen, daß sie den politischen Realitäten nicht mehr gerecht werden konnte.

Verwaltungsreform

Verwaltungsreform: Im Juli 1952 wurde, ausgehend von Beschlüssen der 2. SED-Parteikonferenz, auf der auch der planmäßige Aufbau der Grundlagen des Sozialismus festgelegt wurde, eine Verwaltungsneugliederung des DDR-Territoriums vorgenommen. Die bisherigen Länder Mecklenburg, Brandenburg, Sachsen-Anhalt, Sachsen und Thüringen wurden in 14 Bezirke aufgeteilt. Damit sollte die zentralistische Verwaltung gefördert werden. Gleichzeitig setzte ein verschärfter Kampf gegen den bürgerlichen Mittelstand, gegen bürgerliche Intelligenz und gegen die Kirchen ein.

Abgrenzung: Am 10. März 1953 schlägt die sowjetische Regierung (wahrscheinlich ohne Wissen der DDR-Regierung) den drei Westmächten vor, einen Friedensvertrag mit einer gesamtdeutschen Regierung abzuschließen (Stalin-Note). Die Westmächte lehnen dies ab, da erst gesamtdeutsche Wahlen durchgeführt werden müßten. Die DDR reagiert auf die Stalin-Note mit Abgrenzung gegen den Westen und mit einer härteren Innenpolitik.

Arbeiteraufstand: Am 17.Juni 1953 kam es dann in Ost-Berlin und zahlreichen anderen Orten der DDR zum Arbeiteraufstand. Ging es anfangs gegen die Erhöhung von Arbeitsnormen, so weiteten sich die Forderungen bald auf politische Selbstbestimmung und Wiedervereinigung aus. Nur durch militärisches Eingreifen der Sowjetarmee konnte die Regierung gerettet werden.

Am 25.3.1954 überträgt die UdSSR unter Beibehaltung von Vorbehaltsrechten die staatliche Souveränität auf die DDR. Ein Jahr später wird der Warschauer Pakt mit Beteiligung der DDR abgeschlossen. Die Nationale Volksarmee entsteht im Januar 1956. (1)

2.1.2. Stalinismus

Säuberungen: Walter Ulbricht wird im Juli 1950 vom ZK der SED zum Generalsekretär gewählt. Mit der Wahl Ulbrichts wird endgültig von einem deutschen Weg zum Sozialismus Abschied genommen. In den folgenden Jahren säubert sich die Partei nach stalinistischem Vorbild von allen eigenständig denkenden Parteiführern und Mitgliedern. Sie schafft sich dazu das Ministerium für Staatssicherheit unter der Leitung des Staatsmi-

---

(1)   Vgl. zum Überblick: DDR, Fischer Weltalmanach (Sonderband), Frankfurt 1990, S.98ff.

nisters Zaisser. Nach dem Tode Stalins (5.3.1953) und den Unruhen des 17. Junis wird das Ministerium zum Staatssekretariat abgewertet, dann aber ab 1957 unter Erich Mielkes Leitung wieder zum Ministerium erhoben. Er führte es bis zu seiner Auflösung im Jahre 1989.

Hegemonialpartei: Das gesellschaftspolitische System des Stalinismus ist eine hierarchisch organisierte Bürokratie, die in ihrer Überspitzung die Willkürherrschaft und den Personenkult herausbildet. Der Kern des Systems ist die kommunistische Einparteienherrschaft. Die politische Entscheidungsgewalt liegt allein in den Händen der hierarchisch strukturierten Parteispitze. Als Hegemonialpartei verfügte die SED über das Machtmonopol, dem das gesamte politische System untergeordnet wurde. Sie bestimmte das gesamte öffentliche Leben und dirigierte sogar das persönliche Leben der Bürger. "Die kommunistische Hegemonialpartei übte also eine allumfassende, diktatorische Herrschaft mit Absolutheitsanspruch aus."(2)

Reformversuche: Nach dem XX. Parteitag der KPdSU 1956 versuchte auch die SED sich von den speziellen Formen des Stalinismus, also der Willkürherrschaft und dem Personenkult zu lösen. "Weitgehend unangetastet blieb indes die Grundlage des Terrorregimes, die Machtkonzentration bei der Hegemonialpartei. Die entscheidenden Merkmale des Stalinismus als gesellschaftspolitisches System bestanden weiter:

- der ideologische Anspruch, die Partei habe 'immer recht'
- das Organisationsprinzip des hierarchischen demokratischen Zentralismus
- das Auslese- und Kontrollsystem der 'Nomenklatur' in der Kaderpolitik

---

(2)   Hermann Weber: "Weiße Flecken" in der DDR Geschichtsschreibung, in Beilage zur Wochenzeitung Das Parlament, B 11/90, S.3.

- das Erziehungs-, Informations- und Organisationsmonopol von Partei und Staat." (3)

Die Reformbewegung blieb im Ansatz stecken. Deutlich wird das an den Schauprozessen gegen Intellektuelle (Janka, Harich).

2.1.3. Fluchtbewegung - Mauerbau

Mauerbau: Am 26.Mai 1952 wurde die Grenze zwischen der Bundesrepublik und der DDR abgeriegelt. Zur Durchsetzung der Verordnung über eine 5 km breite Sperrzone entlang der Demarkationslinie wurden aus diesem Gebiet viele Menschen enteignet und vertrieben. Die einzige offene Fluchtmöglichkeit war nur noch in Berlin gegeben.

Seit Gründung der DDR gab es eine anhaltende Massenflucht von Bewohnern überwiegend jüngerer und mittlerer Jahrgänge. Die Gründe bestanden in der politischen und sozialen Ausweglosigkeit breiter Bevölkerungsschichten. Bis 1961 kamen 2,7 Millionen DDR-Bürger in den Westen. Die jährliche Flüchtlingszahl betrug ca. 200 000 Menschen. Sie erreichte im Jahre 1953 (im März 48000) und kurz vor dem Bau der Mauer (2000 pro Tag) ihre Höhepunkte. Diese Massenabwanderungen gingen an die Substanz und an das Selbstwertgefühl der DDR und konnten unter dem Gesichtspunkt der Machterhaltung nur durch den Bau der Mauer 1961 gestoppt werden.

Ausharren: Die gesamte Geschichte der DDR ist wesentlich vom Phänomen dieser Massenflucht der Bevölkerung geprägt. Die Kirchen haben darauf unterschiedlich reagiert, standen dem Problem aber meistens hilflos gegenüber. Sie baten die

---

(3)   Hermann Weber: Ebd.

Christen, in der DDR zu bleiben. In einer Handreichung der lutherischen Kirchen hieß es 1961: "In diesem Ausharren im Glauben und in Geduld hat der Christ den Willen Gottes als höchsten ethischen Maßstab zu bezeugen mit Wort und Tat, auch wenn dies in Leid oder in den Tod führt. 'Die Welt vergeht mit ihrer Lust, wer aber den Willen Gottes tut, der bleibt in Ewigkeit.' (1.Joh. 2,17)." (4)

In den fünfziger Jahren wurde dieses „Ausharren" in der DDR noch stark theologisch begründet. Später traten dann mehr soziologische Argumentationen in den Vordergrund, die nun nicht mehr bloß das "Ausharren" sondern das "Leben und Bleiben" in der DDR rechtfertigen sollten.

2.1.4. Kalter Krieg

Wiederbewaffnung: Ende der 40er Jahre (1947) spitzte sich der Ost-West Konflikt zu. Eine Einigung der Alliierten in der Deutschlandpolitik war nicht mehr möglich. Wirtschaftliche Sanktionen und verstärkte Propaganda verhärteten die gegnerischen Seiten. In diesen kalten Krieg wurden auch die Kirchen hineingezogen.

---

(4)   Der Christ in der DDR - Handreichung der Vereinigten Evangelisch-Lutherischen Kirche Deutschlands, Berlin 1961, S.30.
Der damalige Generalsekretär der Ost-CDU, Götting kam in seinem Schlußwort auf der VII. Tagung des Hauptvorstandes der CDU (Ost) am 13.10.61. bezüglich des Mauerbaus zu der absurden Schlußfolgerung: "In Walter Ulbricht sind nicht nur die besten Traditionen und der Wille der deutschen Arbeiterklasse verkörpert, in seinem Wollen, in seiner Arbeit und in seinem Ziel finden sich auch die besten Traditionen der humanistischen Kräfte Deutschlands, verwirklichen sich auch die besten Ideale, die christliche Menschen in vielen Generationen erträumt und immer wieder erhofft haben.' zitiert bei Jochen Franke: Zur Reaktion von CDU-Führung und CDU-Basis(Ost) auf den Mauerbau am 13. August 1961, in: Deutschland Archiv Nr.8/1990, S.1250.

Im August 1950 wird in der BRD der Beschluß zur Wiederbewaffnung gefaßt. Daraufhin kommt es auch in der DDR zur Bildung bewaffneter Streitkräfte. Kriegsdienst und Kriegsdienst-
verweigerung fordern die Kirchen zu neuen ethischen Konzeptionen heraus. Die Atombewaffnung bringt dann die theologische Debatte über gerechte und ungerechte Kriege auf die Tagesordnung. Der Militärseelsorgevertrag, der am 22.2.1957 zwischen der Bundesregierung und dem Rat der EKD abgeschlossen
wurde, verschärft diese Auseinandersetzungen. (5)

Bereits 1952 hat Martin Fischer auf der EKD Synode gewarnt: "Die Grenze, die durch Deutschland geht und jeden waf-
fenfähigen Deutschen nicht nur zu einem amerikanischen oder
russischen, sondern auch zu einem Bürgerkriegssoldaten macht,
wird in der Gegenwart dadurch befestigt, daß die Interessenge-
gensätze der beiden Weltmächte ideologisches Gewicht erhalten
... so daß für die öffentliche Verantwortung eine schwierige besondere Frage gestellt ist." (6)

---

(5)   Vgl. H. Dähn, a.a.O. S.64.
(6)   Martin Fischer: Wegemarken, Berlin 1959, 5.286. Die Ev. Kirche hatte
zwar nach dem Krieg aus dem bisherigen "jüdisch-bolschewistischen" Feindbild das "jüdisch" gestrichen, dagegen konnte sie aber oftmals nahtlos an dem
alten Antikommunismus anknüpfen. Im kalten Krieg unterstützten die meisten
Kirchenführer die rechte Politik Adenauers und haben somit nicht unwesent-
lich zu der scharfen Kirchenpolitik des SED-Staates die Gründe und Argu-
mente geliefert. "Die meisten Protestanten hatten ihren Antikommunismus
derart verinnerlicht, als habe Gott ihn geboten." H. Prolingheuer: Kleine politische Kirchengeschichte, a.a.O. S.147. Die Gründung des DDR-Kirchenbundes
wurde deshalb auch als eine Chance angesehen, dem Antikommunismus und
Klerikalismus der EKD zu entkommen. Den ehemaligen "Barmensern" und
"Dahlemiten" bot sich hier eine Gelegenheit, nun den "richtigen" Neuanfang
in die Hand zu nehmen - auch gegen den Willen der meisten Christen in der
DDR. Die Tragik dieses Weges bestand darin, daß die Flucht aus einem "kapi-
talistischen" Klerikalismus zum Aufbau eines selbstgerechten "sozialistischen"
 Klerikalismus führte.

2.1.5. Ökonomie

Aufbau Sozialismus: 1952 beschloß die zweite Parteikonferenz der SED neben der Verwaltungsneugliederung des Territoriums auch den 'Aufbau des Sozialismus' einzuleiten. Schwerpunkte waren: (7)

1.) Industriekomplexe (Überseehafen Rostock; Petrochemie Schwedt; Eisenhüttenstadt - Stadt ohne Kirche; Gaskombinat Schwarze Pumpe)
2.) Kollektivierung der Landwirtschaft (LPG, praktische Enteignung der Bauern - große Fluchtwelle, Beseitigung der alten Agrarstruktur)
3.) Verstaatlichung kleiner und mittlerer Industriebetriebe, Bildung von Produktionsgenossenschaften PGH
4.) Ausbau der Arbeiter- und Bauernfakultäten an den Universitäten zur Ausbildung der Werktätigen
5.) Nationales Aufbauwerk (Stalin-Allee als erste sozialistische Wohnstraße)

Kollektivierung: Alle Bemühungen der sozialistischen Planwirtschaft konnten jedoch nicht verhindern, daß der wirtschaftliche Abstand zu der mit dem Marshall-Plan aufgebauten Bundesrepublik ständig größer wurde. Die Zwangskollektivierung der Landwirtschaft wird 1960 abgeschlossen. In einem Schreiben der Kirchenleitung Berlin-Brandenburg an den Ministerpräsidenten Grotewohl kommt das Dilemma der DDR-Wirtschaft zum Ausdruck:

"Über viele Bauernhäuser geht eine Welle der Angst, Resignation und Verzweiflung, weil Bauern mit Mitteln wirtschaftli-

---

(7)   Vgl. Karl Heinz Lau: DDR - kleine politische Landeskunde, Berlin 1988, S.19f

chen, politischen und moralischen Druckes zum Eintritt in eine LPG veranlaßt werden, ohne daß sie von der wirtschaftlichen Notwendigkeit hierfür überzeugt werden können. ... Wir müssen unserer schweren Befürchtung Ausdruck geben, daß Menschen, die so in ihrer Menschenwürde verletzt und in ihrem Gewissen zerbrochen werden, in Zukunft für ein gesundes Arbeitsethos nicht mehr gewonnen werden können." (8)

2.2.1. Kommuniqué 1953

staatliche Legitimität: Das Verhältnis der DDR-Regierung zur Kirche war seit der Gründung der DDR mit Spannungen belastet. Die Kirchen zweifelten die staatliche Legitimität an, da die Wahlen des 15. Mai 1949 undemokratisch erfolgt waren. Bischof Dibelius schrieb am 13.10.1949 an den Präsidenten der neu gegründeten DDR Wilhelm Pieck:"Eine Staatsregierung, die sittliche Autorität für sich in Anspruch nehmen und das Vertrauen der Bevölkerung genießen will, darf sich auf einen derartigen verfälschten Vorgang nicht stützen."(9)

Nationale Front: In den folgenden Jahren wurde das Verhältnis von Staat und Kirche zum wichtigsten Gegenstand vieler Gespräche und schriftlicher Meinungsäußerungen der Repräsentanten beider Seiten. Ende des Jahres 1950 spitzten sich die Auseinandersetzungen um die Frage der "Nationalen Front" zu. Als die Kirche sich weigerte, sich in diese "Nationale Front" einzureihen und Pfarrer, die einen solchen Schritt eigenverantwortlich taten, kirchenrechtlich gemaßregelt wurden, fühlte sich die DDR-Regierung erheblich provoziert und reagierte mit Repressalien, nicht nur gegenüber den 'kleinen' Gemeindegliedern,

---

(8)   Schreiben der Kirchenleitung Berlin-Brandenburg vom 17.März 1960 an den Ministerpräsidenten Grotewohl in: K.I. Nr.6856/60.
(9)   O. Dibelius zitiert bei R. Stupperich, a.a.O. S.418.

sondern auch gegenüber den Kirchenleitungen. (10)

Spannungen: Mit der Rede Ulbrichts auf der 2. Parteikonferenz der SED im Juli 1952 wird dann eine verschärft antikirchliche Politik eingeläutet. Kirchliche Mitarbeiter richteten sich auf Verfolgung und Bedrohung ein und meinten, daß der Sozialismus jetzt sein wahres Gesicht zeige. Antikommunistische Einstellungen wurden durch die einsetzende Unterdrückung der Kirche bestätigt.

Gespräche: Vor dem Hintergrund wachsender sozialer und politischer Spannungen (Fluchtbewegung, Tod Stalins 5.März, Erhöhung der Arbeitsnormen), die im Juni 1953 zum Arbeiteraufstand führten, bemühte sich der Staat gegenüber der Kirche um einen Ausgleich der Interessen. Einzelne Kirchenführer, wie zum Beispiel Moritz Mitzenheim, gaben den zuständigen staatlichen Stellen zu verstehen, daß eine gedeihliche kirchliche Arbeit nur in einer Atmosphäre des Vertrauens möglich sei und daß man den Wunsch nach Schaffung eines "loyalen Verhältnisses" habe. Dazu war ein Grundsatzgespräch zwischen Staat und Kirche notwendig. Zu dieses kam es dann, wahrscheinlich auf sowjetischem Druck, unerwartet am 10. Juni 1953, wenige Tage vor dem Ausbruch des Arbeiteraufstandes.

---

(10) Vgl. a.a.O. S.425f. Die Abgrenzungspolitik der Kirchen gegen die Nationale Front und ähnliche politische Organisationen wurde über alle Jahre hinweg mehr oder weniger stark aufrechterhalten. Der Arbeitskreis ev. Pfarrer für Frieden und soziale Arbeit im Lande Brandenburg bemühte sich 1955 um eine Aufhebung der Abgrenzungsbeschlüsse. Er berief sich dabei auf das "Wort an die Gemeinden" der EKD-Synode von Espelkamp, in dem von einer Pflicht der Christen, an politischen Entscheidungen mitzuwirken, gesprochen wurde. Das Konsistorium Berlin-Brandenburg erklärte, daß ein seelsorgerliches und geistliches Wort an die Gemeinden, nicht die Kraft hat, Anordnungen einer Gliedkirche für Amtsträger aufzuheben. Schreiben vom 18.4.55 in K.Ia Nr.796/55.

Der Rat der EKD sah mit dem Kommuniqué voreilig das Ende des "Kirchenkampfes" herbeigekommen. (11) (12)

"Kirchenkampf": Wenige Tage zuvor faßte die Konferenz der ev. Kirchenleitungen im Gebiet der DDR einen Beschluß, den Probst H. Grüber an O. Grotewohl übermittelte. Darin wurden die zu besprechenden Probleme benannt:

"Zur Beseitigung der gegenwärtigen schweren Spannungen, die zwischen Staat und Kirche bestehen, schlagen wir die Aufnahme eines unmittelbaren Gesprächs zwischen der Regierung der DDR und den Kirchenleitungen vor. Wir begrüßen jeden Schritt, der geeignet ist, die Spannung zu vermindern oder zu beseitigen." (13) Folgende Spannungspunkte wurden aufgezählt:

a) die Verhaftung und Verurteilung kirchlicher Mitarbeiter
b) die Übernahme der Verwaltung kirchlicher Anstalten seitens des Staates
c) Maßnahmen gegen Glieder der Jungen Gemeinde und der Studentengemeinden
d) die Behinderung des kirchlichen Lebens

Zusicherungen: Der Staat sicherte zu, daß die von der Kirche benannten Schwierigkeiten geklärt werden und in den konkreten Fällen aus der Welt geschafft würden. Mit den ergänzenden Gesprächen und Abmachungen, kam es dann zum Kommuniqué vom 11. Juni 1953. Damit schienen die Voraussetzungen für eine Entspannung des Verhältnisses zwischen Staat und Kirche geschaffen zu sein. Tatsächlich kam es dann in den nächsten Wochen, trotz des Arbeiteraufstandes, zur Zurücknahme vieler

---

(11)   Vgl. O. Dibelius: Ein Christ ist immer im Dienst, a.a.0. S.234. und H. Dähn a.a.O. S.47.
(12)   Vgl. Kirchliches Jahrbuch 1953, S.357.
(13)   Beschluß der Konferenz der Evangelischen Landeskirchen innerhalb der DDR vom 4.6.1953. In: KJB 1953, S.157.

Haftstrafen und Schulentlassungen. Für die Kirche waren jedoch die Ereignisse des 17. Juni ein Rückschlag, da die Zusagen des Staates nur schleppend verwirklicht wurden. Dieser Sachverhalt war zum ersten mal beim Gespräch mit der FDJ am 11. Juli 1953 zu erkennen.

An dem Grundsatzgespräch nahmen seitens der Kirchen teil:

M. Mitzenheim (Landesbischof Thüringen), O. Dibelius (Bischof Berlin-Brandenburg), H. Hahn (Landesbischof Sachsen), N. Beste (Landesbischof Mecklenburg), Müller (Landesbischof Kirchenprovinz Sachsen), v. Scheven (Landesbischof Pommern), Oberkirchenrat F. Schröter, Oberkonsistorialrat Fränkel, Gensup. Krummacher, Propst Grüber

Rückschritte: Die Analyse der schriftlich fixierten Abmachungen läßt aber noch keinen Schluß auf die real folgende Kirchenpolitik des Staates zu. Die staatlichen Behörden legten das Kommuniqué vom 11. Juni 1953 einseitig und falsch aus. Sie betrieben dann eine Praxis, die letztendlich zu einer Erschwerung kirchlicher Arbeit, besonders mit der Jugend, führte. Die Interpretation der Jungen Gemeinde als gesellschaftliche und antisozialistische Organisation und nicht als Sammlung der jungen Christen im Rahmen der Kirche, die Erich Honecker als Vorsitzender der FDJ in dem Gespräch noch konzediert hatte, ermöglichte weiterhin erhebliche polizeiliche und gesellschaftspolitische Repressalien gegen die Kirche.

Dibelius schildert in seiner Autobiographie die Verhältnisse: "Am 17. Juni erfolgte der Aufstand der Arbeiterschaft in Berlin und dann überall in der russischen Besatzungszone. Er wurde vom russischen Militär schnell erstickt. Aber er gab den radikalen Elementen, Walter Ulbricht an der Spitze, sofort wieder Oberwasser. Das wirkte sich auch auf die Kirche aus. Die einmal gemachten Zusagen wurden gehalten. Aber dann sackte das Verhältnis zwischen kommunistischer Staatsmacht und christlicher Kirche langsam wieder in den Zustand des Kalten Krieges ab." (14)

2.2.2. Kommuniqué 1958

Auf Grund einer kirchlichen Initiative kommt es im Juli 1958 zu weiteren Gesprächen mit dem Staat. O. Grotewohl stellte angesichts des Ablaufs der Synode der EKD im April 1958 in Berlin und der Behandlung des Militärseelsorgevertrages die Bedingung, daß an diesen Gesprächen kein Mitglied des Rates der EKD und kein West-Bürger teilnehmen darf. Bischof Dibelius war damit ausgesperrt.

Gleichzeitig wurde die Tätigkeit des Bevollmächtigten des Rates der EKD bei der Regierung der DDR, die Probst Grüber bis dahin ausübte, vom Ministerpräsidenten Grotewohl als beendet betrachtet. (15)

"Glaubensfreiheit": Kirche und Staat gaben dann nach mehreren Vorverhandlungen am 21.Juli 1958 in einem gemeinsamen Kommuniqué verbindliche Erklärungen ab. Von staatlicher Seite kam die erneute Zusicherung: "Jeder Bürger genießt volle Glaubens- und Gewissensfreiheit. Die ungestörte Religi-

---

(14)   O. Dibelius: Ein Christ ist immer im Dienst, a.a.O. S.235

(15)   Ministerpräsident Grotewohl schrieb am 17.Mai 1958 an Probst Grüber: "Angesichts des Ablaufs der Synode der EKD im April 1958 in Berlin und der Behandlung des Militärseelsorgevertrages kann eine Vertretung des Rates der EKD bei der Regierung der DDR nicht mehr anerkannt werden.... Ich bin ... bereit, eine Delegation der ev. Kirche in der DDR zu empfangen, deren Teilnehmer ihren Wohnsitz innerhalb der DDR oder im demokratischen Sektor von Berlin haben." aus Kleine Festschrift aus Anlaß des 80. Geburtstages von Probst D. Dr. Heinrich Grüber, Hrg: P. Helbich, G. Köhler.

onsausübung steht unter dem Schutz der Republik." (16) Die Kirche hielt den Vorwurf des Verfassungsbruches gegen den Staat nicht weiter aufrecht und gestand zu: "Sie (die Repräsentanten der Ev. Kirche) respektieren die Entwicklung zum Sozialismus und tragen zum friedlichen Aufbau des Volkslebens bei." (17) Damit wurde bestätigt, daß die Kirche zwar die sozialistische Ordnung nicht bekämpft, aber dennoch diese Sozialordnung nicht als einzig richtige anerkennt.

Diskussionen: Eine grundsätzliche Wende im Verhältnis Staat und Kirche wurde jedoch durch diese Verhandlungen nicht eingeleitet. Die bestehenden Schwierigkeiten wurden dann ein Jahr später durch die Aussage von Walter Ulbricht vor der Volkskammer (4.10.60), Christentum und die humanistischen Ziele des Sozialismus sind keine Gegensätze, lediglich vertuscht.

Die Zusammenarbeit von Christen und Marxisten wurde in den folgenden Jahren zum Gegenstand von Grundsatzdiskussionen zwischen führenden staatlichen Repräsentanten, Theologen (Emil Fuchs 1961) und ausgewählten kirchlichen Amtsträgern (Wartburg-Gespräch Mitzenheim 1964) gemacht. Die Friedenssicherung in Europa bildete dabei das praktisch tragende Fundament. (18)

Verantwortung: "Diese vier Texte - Kommuniqué, Staatsratserklärung, Fuchs-Gespräch und Wartburg-Gespräch - stellen gleichsam die Heiligtümer der von Ulbricht inspirierten und kontrollierten DDR-Kirchenpolitik dar."

---

(16) zitiert bei H. Dähn, a.a.O. S.73.

(17) zitiert bei H. Dähn, a.a.O. S.74.

(18) Landesbischof Mitzenheim sah sich zunehmend kirchlicher Kritik ausgesetzt. Das Datum des Fuchs-Gesprächs am 9.Februar 1961 wurde vom Staat und den ihm willfährigen christlichen Kreisen (Ost-CDU, Bund evangelischer Pfarrer in der DDR usw.) fast als Feiertag zellebriert.

Die Kirchen standen dieser Politik aber sehr ablehnend gegenüber. Erst Ende der sechziger Jahre wird das Stichwort der gemeinsamen humanistischen Verantwortung kirchenoffiziell registriert. (19)

2.2.3. Kirchenkampf

Bündnispolitik: Trotz aller Schwierigkeiten sowohl zwischen Staat und Kirche als auch innerhalb der Kirche, kann generell nicht von einem Kirchenkampf die Rede sein. Der Kontakt zwischen den unterschiedlichen Parteien und Kräften ist niemals abgebrochen. Über alle Probleme hinaus waren Kirche und Staat miteinander gesprächsbereit und konnten konträre Positionen voreinander aussprechen. Neben der Benachteiligung und Diffamierung von Christen bemühte sich der Staat auch immer wieder um die Aufrechterhaltung seiner Bündnispolitik, und die Spannungen innerhalb der Kirche erreichten nie den Punkt, wo die Einheit im Glauben aufgegeben werden mußte. (20)

---

(19)   Reinhard Henkys: Von der EKD zum Kirchenbund, in: epd Dokumentation Bd.1, Bund der Evangelischen Kirchen in der DDR, Frankfurt 1971, S.15. Hier auch ausführliche Dokumente zur Entwicklung der Kirchen in der DDR vom Kommuniqué 1958 bis zur Synode des Bundes in Hermannswerder 1970.
(20)   Vgl. H. Dähn, a.a.O. S.46, und Diskussionsbeiträge des Synodalen Prof. .D. Heinrich Vogel auf der Provinzialsynode der Ev. Kirche Berlin-Brandenburg zur Frage "Kirche und Öffentlichkeit". in: Schreiben des Konsistoriums an die Pfarrer K.I. Nr.8190/57
"Es sind unter uns erhebliche Gegensätze und Spannungen, und zwar nicht nur theologischer Art, sondern gerade auch da, wo es sich um Fragen des ganz konkreten Gehorsams in bestimmten Entscheidungen handelt. Daß Gott uns dann doch immer wieder zusammengeschweißt hat ... ist nicht unser Verdienst. ... Es wäre eine Illusion, wenn jetzt etwa gewisse Machte und Kräfte sich der Vorstellung hingäben, als ob sie uns auseinanderdividieren könnten."
6.-10.5.1957.

Kulturkampf: Die harten Auseinandersetzungen zwischen Staat und Kirche in den fünfziger Jahren als eine Zeit des Kirchenkampfes zu bezeichnen, ist bei Historikern deshalb umstritten. Der Rat der EKD hat in seinem Wort vom 12. Juni 1953 zwar selbst von einem Kirchenkampf gesprochen, was aber, gerade unter Berücksichtigung des Kirchenkampfes im Nationalsozialismus, unangemessen erscheint.

Im Kirchenkampf vor dem 2. Weltkrieg erfolgte durch die Zwangsmaßnahmen des Staates auch innerhalb der Kirche eine Kampfsituation zwischen der Bekennenden Kirche und den Deutschen Christen. In der DDR kam es zu solch einer Glaubensspaltung der Kirche nicht. Zweckmäßigerweise sollte man deshalb von einem Kulturkampf sprechen.

2.2.4. Bildungspolitik

Das ZK der SED beschloß am 19.01.51, daß an den allgemeinbildenden Schulen und den Universitäten die Lehrinhalte auf das theoretische Fundament des Marxismus-Leninismus gestellt werden sollen. Damit wurde eine bestimmte Weltanschauung zur allgemeinverbindlichen Vorgabe für Theorie und Praxis gemacht. Religiöse oder theologische Interpretationen der Wirklichkeit wurden abgelehnt, ja sogar als feindlich betrachtet. Praktisch lief das auf eine zwangsweise atheistische Erziehung aller DDR-Bürger hinaus.

Atheismus: Dieses atheistisch ausgerichtete Erziehungssystem war zur damaligen Zeit mit den allgemeinen Wertvorstellung, Normen und Glaubensüberzeugungen der Bevölkerung nicht in Einklang zu bringen und rief schärfsten Protest seitens der Kirchen hervor. Bereits im Dezember 1950 warnte die Ev. Kirchenleitung der Provinz Sachsen in einem Memorandum vor diesem Erziehungssystem: "Solange die Regierung versucht, die materialistische Weltanschauung der gesamten Bevölkerung aufzuzwingen und das gesamte öffentliche Leben nach den Grundsätzen dieser Weltanschauung zu gestalten, werden die Schwierigkeiten im gegenseitigen Verhältnis von Kirche und Staat nicht aufhören, sondern sich verschärfen, wenn anders die Kirche ihrem Bekenntnis und ihrer Sendung treu bleibt."(21)

Ideologie: In der Folge kam es zu heftigen Konflikten. Die neue Bildungspolitik bewirkte, daß von der Einstellung zur Marxistisch-Leninistischen Ideologie und vom Maße ihrer aktiven Betätigung weithin der weitere Bildungsweg der Jugendlichen abhängig war. Die Aufnahme in die Oberschule, die Zulassung zum Abitur und die Aufnahme in die Universität war für Christen nur mit erheblichen Schwierigkeiten möglich. Es kam vermehrt zu einer Verletzung der verfassungsmäßig garantierten Rechte auf Glaubens- und Gewissensfreiheit.

2.2.5. Kirchliche Jugendarbeit

Junge Gemeinde: In den Jahren 1949-53 ist zu beobachten, daß der Staat in den kirchlichen Raum hineinwirkte. Das Hauptthema der Kontroversen war neben der Bildungspolitik die Stellung, Rolle und Bedeutung der Jungen Gemeinde. Auslöser für die ersten Streitigkeiten war das Tragen des Bekenntniszeichens (Weltkugel mit Kreuz). Grundsätzlich wurde aber die Existenzberechtigung der Jungen Gemeinde verneint. Sie wurde als kirchliche Jugendorganisation mit vereinsartigem Charakter bezeichnet und wäre somit illegal gewesen. Es wurde nachhaltig versucht, die Tätigkeiten der Jungen Gemeinde mit juristischen und propagandistischen Mitteln zu kriminalisieren.

---

(21) Stellungnahme der Ev. Kirchenleitung der Kirchenprovinz Sachsen zur Weltfriedensbewegung und zur Politik des Staates vom 11.12.1950, gerichtet an den Ministerpräsidenten des Landes Sachsen-Anhalt. In: KJB 1950, S.140.

Verbote: Der Staat versuchte, den Einfluß der Kirche insbesondere auf die jüngere Generation zurückzudrängen. Das geschah nicht nur im schulischen, sondern auch im Freizeitbereich. Auf dem Höhepunkt der Auseinandersetzung wurde im Mai 1953 dann der Vorwurf erhoben, daß die Junge Gemeinde eine "unter religiöser Maske getarnte illegale Agenten- und Spionageorganisation" sei. Viele Pfarrer und kirchliche Mitarbeiter wurden verhaftet, kirchliche Veranstaltungen, Rüstzeiten und Kirchentage verboten. (22)

2.2.6. Jugendweihe

Pragmatismus: Seit Mitte der fünfziger Jahre bis Ende der sechziger Jahre wurde der Konflikt zwischen Jugendweihe und Konfirmation, über seinen theologischen und propagandistischen Inhalt hinaus, zum nachhaltigen politischen Problem von Kirche und Staat. Am Ende zeigte sich deutlich die Grenze der Volkskirche. "Viele Gemeinden und vor allen die betroffenen Jugendlichen selbst sahen die Jugendweihe ganz pragmatisch als weltanschaulich neutral an. Sie fanden ihre geistliche Situation nicht angemessen erfaßt, als man die Frage der Jugendweihe so ideologisch zuspitzte; eine Deutung, die sich mehr und mehr durchsetzte. In diesem Fall drängt sich die Frage auf, ob die Kirchen hier nicht an falscher Stelle zum unbedingten Bekenntnis aufgerufen haben." (23)

Zentralausschuß: Am 12. November 1954 wurde ein "Zentraler Ausschuß für Jugendweihen in der DDR" gebildet. Die Jugendweihe   sollte sein: „.... eine feierliche Veranstaltung

---

(22) Vgl. dazu besonders die Sonderausgabe der Zeitung "Junge Welt" vom April 1953. Hier findet sich das breite Spektrum der stalinistischen Propaganda auf kleinstem Raum.

(23) Arnoldshainer Konferenz: Was gilt in der Kirche?, Neukirchen 1985, S.42.

beim Übergang des Jugendlichen in das Leben der Erwachsenen mit vorausgehenden Zusammenkünften, Jugendstunden genannt, in denen unter Leitung von erfahrenen Persönlichkeiten über Fragen des Lebens, der Natur und der Gesellschaft gesprochen wird". (24)

Von staatlicher Seite wurde beteuert, daß die Jugendweihe nicht an die Traditionen der proletarischen oder sozialistischen Jugendweihe der Weimarer Republik anknüpft, welche damals eine Antihaltung gegen christliche Werte und Normen zum Ausdruck brachte, sondern jetzt eine Bereitschaft und Verpflichtung, am Aufbau des Lebens, der Gesellschaft und des Staates bewußt mitzuarbeiten, bedeutet.

Konfrontation: Sowohl die Evangelische als auch die Katholische Kirche sahen das anders. Sie gingen von Anfang an auf Konfrontationskurs gegen die Jugendweihe. Für einen Christen durfte es keine Teilnahme an dieser Veranstaltung geben. In der kirchlichen Lebensordnung von 1954 wird diese Position festgeschrieben. "Kinder, die sich einer Handlung unterziehen, die im Gegensatz zur Konfirmation steht (Jugendweihe oder dgl.), können nicht konfirmiert werden."

Die durch Kirchenzucht gemaßregelten Kinder sollten dann aber durch die Mitarbeit in der Jungen Gemeinde und durch die Teilnahme am Konfirmandenunterricht Gelegenheit haben, sich zu bewähren, um nach einer angemessenen Frist doch noch konfirmiert zu werden.

Religionskritik: In der Institution der Jugendweihe hat der Atheismus einen nicht wegzuleugnenden Stellenwert bekommen. Zwar findet er sich nicht im Jugendweihegelöbnis, doch in den Lehrinhalten der Jugend- und Vorbereitungsstunden kommt er klar zum Ausdruck. Unter dem Aspekt einer mar

---

(24) Thesen des Zentralen Ausschusses für Jugendweihen in der DDR. In: KJb 1954, S.142.

xistischen Religionskritik wird der christliche Glaube als "phantastisch", "ein reines Märchen", als "völlig unwissenschaftlich" abqualifiziert. Ein Schöpfergott wird grundsätzlich verneint. Die ablehnende Haltung der Kirche zum "revolutionären Befreiungskampf der sozialen Unterschichten" wird kritisiert. (25)

Der Innenminister Karl Maron vertrat am 10.2.56 bei einer Unterredung mit Repräsentanten der Kirche die Meinung: "Die Vertreter der materialistischen Weltanschauung, die Vertreter der fortgeschrittenen Wissenschaft, haben nicht nur das Recht, ihre wissenschaftliche Lehre überall zu vertreten. Wir leben nicht mehr im Mittelalter, wo Vertreter des religiösen Aberglaubens fortschrittliche Auffassungen unterdrücken konnten." (26)

Atheismus: In einem Spitzengespräch zwischen Repräsentanten von Staat und Kirche am 3. Dezember 1956, in dem unter anderem auch die Jugendweiheproblematik behandelt wurde, konnte eine vorübergehende Schlichtung des Streits erreicht werden. Dies hing aber mit der allgemeinen politischen Lage zusammen. Die Reformbewegung in der zweiten Hälfte des Jahres 1956 veranlaßte progressive Kräfte in der SED (Paul Wandel), die atheistische Komponente der Jugendweihe zurückzunehmen.

Jedoch wurde im alltäglichen Gemeindeleben die Kontroverse eher forciert. Die Jugendweihe stand plötzlich in der Tradition der proletarischen Jugendweihen der Weimarer Zeit. Von der Teilnahme an ihr wurde der weitere Entwicklungsweg der Jugendlichen abhängig gemacht. Sie war keine Privatangelegenheit mehr, sondern Aufgabe aller fortschrittlichen, gesellschaftlichen Kräfte.

---

(25) Vgl. H. Dähn, a.a.O. S.55.

(26) Grundsatzerklärung des DDR-Innenministers Maron, verlesen am 10.2.1956 zu Beginn eines Gesprächs zwischen Kirchenvertretern und staatlichen Repräsentanten. In: KJb 1956, S.152.

Es setzte zudem eine verstärkte Propagierung der atheistischen Weltanschauung ein. In einem vertraulichen Brief der kirchlichen Ostkonferenz an O. Grotewohl vom 20.3.1958 ist dann auch zu lesen: "Wir meinen, festgestellt zu haben, daß es sich dabei nicht nur um gelegentliche Äußerungen einzelner Staatsfunktionäre handelt, sondern um einen systematischen Kampf gegen den christlichen Glauben."(27)

dialektischer Gegensatz: Die Position des Staates war kompromißlos. 1958 schrieb M. Mitzenheim an O. Grotewohl: "Der immer wieder aufflammende Streit in dieser Sache kommt nicht daher, daß diese beiden im Gegensatz zueinander stehenden Anschauungen (dialektischer Materialismus und christlicher Glaube) vorhanden sind. Er kommt vielmehr daher, daß die Vertreter der Jugendweihe für ihre Propaganda und die Durchsetzung ihrer Anschauungen den Staatsapparat in Anspruch nehmen dürfen. Die Beunruhigung unserer christlichen Bevölkerung kommt daher, daß die Jugendweihe mit Drohung und Zwang durchgesetzt wird."(28)

Bei der Abschlußverhandlung zu dem Kommuniqué vom 21. Juli 1958 wurde von Grotewohl zur Jugendweihe ausgeführt, daß sie weiterhin staatliche Unterstützung finden werde, denn es handle sich um eine Bewegung, "die aus der Bevölkerung herauskomme und deren sittliche und wissenschaftliche Ziele den sittlichen und wissenschaftlichen Zielen des Staates entsprechen" (29)

---

(27)   zitiert bei H. Dähn: A.a.O. S.69.
(28)   zitiert bei H. Dähn: A.a.O. S.74.
(29)   zitiert bei H. Dähn: A.a.O. S.75.

2.3.1. Einheit der EKD

Verwaltungsteilung: Durch den Ausschluß von im Westen lebenden kirchlichen Repräsentanten der EKD von den Verhandlungen zwischen Kirche und Staat (1958) wurde der Zusammenhalt der EKD erschwert. Besonders in Berlin stand die Frage nach der vollkommenen Absperrung der Westregion der Berlin-Brandenburgischen Kirche auf der Tagesordnung. Die kirchlichen Behörden hatten deshalb schon Teile der Verwaltung in Ost- und Westregion getrennt. (30)

Zusammenhalt: Im Gegensatz zur verwaltungsmäßigen Trennung beteuerte man aber immer wieder den Zusammenhalt und die Einheit der Evangelischen Kirche in Deutschland. Anfang 1961 erklärten die Bischöfe der DDR: "Diese sichtbare Einheit der evangelischen Christenheit in ganz Deutschland ist für uns, unsere Gliedkirchen und unsere Gemeinden als Geschenk Gottes unaufgebbar. Die politischen, gesellschaftlichen und staatlichen Unterschiede können uns nicht trennen... Wir haben einen gemeinsamen Auftrag Gottes an unserem zerrissenen Volk und sind zu gemeinsamen Dienst aneinander gebunden."(31)

2.3.2. Säkularisierung

Gemeindearbeit: Trotz aller Schwierigkeiten zwischen Staat und Kirche gab es im Gemeindeleben der einzelnen Christen kaum Wandlungen, die (mit Ausnahme der Jugendweiheproblematik) gesellschaftspolitische Hintergründe hatten.

---

(30) Vgl. O. Dibelius: Ein Christ ist immer im Dienst, a.a.O. S.223.
(31) Erklärung der Bischöfe der DDR vom Februar 1961. Beschluß der Synode der EKD: "Die sichtbare Einheit der evangelischen Christenheit in ganz Deutschland ist für uns als Geschenk und Auftrag Gottes unaufgebbar."

Das zeigt sich an folgenden Punkten, wo kirchliche Arbeit nicht oder nur gering behindert wurde und die alten volkskirchlichen Strukturen Grundlage der kirchlichen Gemeindearbeit blieben:

1. sonntägliche Gottesdienste
2. Christenlehre
3. kirchliches Vermögen
4. Diakonie
5. Aufbau der Sakralbauten
6. theologische Fakultäten

Schrumpfung: Seit Mitte der 50er Jahre läßt sich aber ein starker Abbau dieser volkskirchlichen Strukturen feststellen. Kirchliche Amtshandlungen, Taufen, Konfirmationen, Trauungen und zum Teil auch Bestattungen werden immer weniger in Anspruch genommen. Der Schrumpfungsprozess wird besonders in städtischen Gemeinden deutlich. Die Taufzahlen im Jahre 1961 liegen in der Stadt bei ca. 25%, in der Kleinstadt bei ca. 60% und auf dem Lande bei ca. 95%. (32)

Strukturkrise: Die staatliche Werbung für die atheistische Weltanschauung ist jedoch nicht der Hauptgrund für die tiefgreifende Strukturkrise der Volkskirche. Aus den signifikanten Unterschieden des Stadt - Land Verhältnisses muß auf allgemeine Säkularisierungserscheinungen, wie sie auch in Westdeutschland aufgetreten sind, geschlossen werden.

Die Kirche in der DDR hat diesen Sachverhalt zu spät erkannt und den Zerfall der Volkskirche primär den politischen Verhältnissen angelastet. Die weiterhin ausgeübte "flächendeckende" Kirchenarbeit unter dem Slogan "Widerstehen und Ausharren" hat der ständig zunehmenden Diasporasituation erheblichen Vorschub geleistet.

---

(32) Vgl. H. Dähn, a.a.O. S.85.

2.3.3. Militärseelsorge

Militarisierung: Mit dem Beschluß zur Wiederbewaffnung und der Bildung bewaffneter Streitkräfte in beiden Teilen Deutschlands setzte, auch im Zusammenhang mit der atomaren Aufrüstung, eine heftige politische und theologische Debatte über die Rolle der Kirchen innerhalb der Wiederaufrüstungsprozesse ein. Hatte die EKD noch im Jahre 1950 erklärt, daß eine Remilitarisierung Deutschlands nicht ihren Zuspruch finden könne, so wurde wenige Monate später diese eindeutige Aussage abgeschwächt. Bei "gleichem Glaubensernst" sollte die Frage der Wiederaufrüstung von Christen unterschiedlich beantwortet werden können (Kirchenkonferenz der EKD Spandau 17.11.50). (33)

Militärbischof: Am 22.2.1957 wurde nach langen und kontroversen Diskussion der Militärseelsorgevertrag zwischen der Bundesrepublik und der EKD unterzeichnet. Als Vertreter der staatl. Seite standen K. Adenauer und Bundesverteidigungsminister F.J. Strauß und auf kirchl. Seite der Präsident der Kirchenkanzlei der EKD H. Brunotte und der Ratsvorsitzende der EKD, Bischof O. Dibelius und Militärbischof Hermann Kunst.

Mit diesem Vertrag sollte in der Bundeswehr die freie Religionsausübung gewährleistet und die Militärseelsorge geregelt werden. Im Auftrag und unter Aufsicht der Kirche wurden die Ämter des Militärbischofs und der Militärgeistlichen geschaffen. Finanziert wurde diese Militärseelsorge aus staatlichen Mitteln.

Militärkirche: Die DDR sah in diesem Vertrag die Begründung "einer Art Militärkirche", in der die institutionelle Verflechtung von Staat und Kirche über das Maß des im Grundgesetz (Art.137GG) der BRD und der Verfassung der DDR Möglichen hinausgeht. Da das Vertragswerk von der gesamtdeut-

---

(33) R. Stupperich, a.a.O. S.448 und Kirchliches Jahrbuch 1950, S.166.

schen Synode ratifiziert werden mußte, unterstellte die Regierung der DDR, daß mit der Militärseelsorge durch die Kompetenz und Zuständigkeit der EKD in die staatliche Souveränität der DDR eingegriffen würde.

Eine vertragliche Regelung, die eine Militärseelsorge auch in den Streitkräften der NVA ermöglicht hätte, konnte trotz Bemühungen der Kirchen nicht erreicht werden. Der Verteidigungsminister Willi Stoph sah keine Notwendigkeit, über Fragen der kirchlichen Tätigkeit in der NVA Gespräche zu führen. (34) Der Militärseelsorgevertrag gab in den späteren Jahren immer wieder Anlaß zu heftigen Meinungsverschiedenheiten zwischen Kirche und DDR-Regierung und auch innerhalb der Kirchen.

2.4.1. Christ zwischen Ost und West

politische Ethik: Zu Beginn der fünfziger Jahre gab es viele Schriften, Diskussionen und Synodenworte zum Problem der Kirche zwischen Ost und West. Neben der Verschärfung des kalten Krieges war die Hauptschwierigkeit, daß es eine Kirche gab, die in zwei verschiedenen Gesellschaftsordnungen, sowohl was die Politik als auch die Wirtschaft betraf, für ihre Christen in den jeweiligen Bereichen verbindlich zu sprechen hatte. Eine Synode für zwei Bereiche mußte eine Position zwischen Ost und West, zwischen den Militärblöcken einnehmen. Diese Situation war damit auch eine Herausforderung für die Theologie. Es galt neue Konzeptionen zur politischen Ethik zu finden.

Niemöller und Iwand haben 1947 mit dem Darmstädter Bruderratswort vergeblich versucht, die Kirchen aus den Fronten des kalten Krieges herauszuhalten. Sie waren der Meinung, daß sich die Kirchen immer noch auf dem politischen Irrweg

---

(34) Vgl. R. Stupperich, a.a.O. S.499 und H. Dähn, a.a.O. S.67.

befinden. Deshalb wollten sie mit ihrem Bruderratswort nicht nur einen Weg für die Vergangenheitsbewältigung aufzeigen, sondern auch Richtlinien für die Zukunft der Kirche entwerfen. Dieses Bruderratswort fand aber kaum Anklang und wurde von den Wiederaufrüstungsdebatten verdrängt.

Die Spannungen in der EKD, die bei der Entscheidung zur Wiederbewaffnung offen zu Tage traten, wurden mit der im November 1950 vom Rat getroffenen theologischen Festlegung, daß die Gemeinschaft im Glauben nicht die Einheitlichkeit der politischen Urteile einschließt, ausgehalten. (35) Die veränderte Situation in der DDR stellte jedoch vieles in Frage, was lange Zeit als selbstverständlich gegolten hatte.

Drei Positionen: Zu Beginn der fünfziger Jahre war man noch auf die Fixierung der überkommenen Verhältnisse festgelegt. Das brachte aber in der Praxis erhebliche kirchenpolitische und theologische Probleme mit sich. Die öffentliche Verantwortung des Christen wurde auf der EKD-Synode im Oktober 1952 zur Diskussion gestellt. Die aufgeworfenen Fragen ließen auch spätere Synoden nicht mehr zur Ruhe gekommen. (36)

Es lassen sich drei Positionen feststellen. Zwischen den antisozialistischen Kräften der "dibelianischen" Volkskirche (Dibelius, Künneth) und den wenigen pro sozialistischen "fortschrittlichen" Pfarrern (Friedenspfarrer, religiöse Sozialisten - Fuchs, CDU, CFK) (37) versuchten dann M. Fischer und G. Jacob mit ihren Betrachtungen über eine Diasporakirche zu vermitteln. Wichtige Richtlinien wurden unter anderem in den folgenden

---

(35) Vgl. K. Scholder, a.a.O. S.304.
(36) Vgl. M. Fischer, a.a.O. S.265.
(37) Vgl. Bericht über den Verlauf der außerordentlichen Tagung der Provinzialsynode Berlin-Brandenburg am 9.u.10. August 1952. in: Anlage zum Kirchlichen Amtsblatt Nr.9 vom 15.9.52.

Synoden, Synodenworten und Handreichungen der Kirchen aufgezeigt:

- EKD Synode 10. Oktober 1952 (Vortrag Fischer)
- EKD Synode   1956 (Vortrag Jacob)
- EKU Handreichung   1959 (Evangelium und christl. Leben in der DDR)
- EKD Synode   1960
- VELKD Handreichung 1960 (Christ in der DDR)
- Berlin-Brandenburger Handreichung 1960

2.4.2. Kirchenverständnis

Sichtbare Kirche: In den 20er Jahren stand das Staatsproblem kaum zur Debatte. Nur wenige Theologen schenkten ihm Aufmerksamkeit. Ort und Stellung der sichtbaren Kirche mußten jedoch nach dem Umbruch von 1918 neu bestimmt werden. Aber an der Bewertung dieses Umbruchs wurden die gegensätzlichen Standpunkte bereits deutlich.

Dibelius vertrat die Ansicht, daß die Kirche mit ihrem Tun in geschichtliche Entwicklungen einzubinden ist. Barth war dagegen der Meinung, daß diese Entwicklung lediglich der Anlaß ist, sich auf das zu allen Zeiten gleiche Wesen und den gleichen Auftrag der Kirche zu besinnen. (38)

Dibelius: "Selbständigkeit der Kirche" (*Abgrenzung von Staat, Wirtschaft, Kultur*)

Barth: "Freiheit der Kirche" (*keine allgemeine Freiheit, sondern Bezeugung der Freiheit eines Christenmenschen, der grundsätzlich frei ist*)

_____

(38) Vgl. Eckhard Lessing: "Selbständigkeit" und "Freiheit" der Kirche. Eine Notiz zum Kirchenverständnis Dibelius' und Barths. in: KZG 2Jg/89 H.2, S.426ff.

Volkskirche: Dibelius trat dafür ein, die Kirche als Volkskirche zu konstituieren. Daher war ein freikirchlicher Status ausgeschlossen. Die Bekennende Gemeinde wurde als Gemeindekern angesehen. Von ihm her sollte das Leben der Gemeinde, die rechtliche Ordnung, ja die Kirche insgesamt gestaltet werden. Das bedeutete dann eine Aufwertung des Ältestenamtes. "Das Bild, das sich für die deutsche Kirche ergibt, ist damit das einer missionarisch ausgerichteten organischen Wechselbeziehung zwischen Bekennender Gemeinde und Bischof im Rahmen einer volkskirchlichen Organisationsform. Dibelius war der Auffassung, daß eine solche Kirche sich wesentlich 'von unten' und nicht 'von oben' bilden würde." (39)

Bekenntniskirche: Barth sieht die Volkskirche als eine Möglichkeit, aber nicht als eine Notwendigkeit an. Sie ist, wie alle anderen kirchlichen Gestaltungsformen (Weltkirche, Volkskirche, Kulturkirche, Staatskirche), nicht gleichzeitig oder zwingend mit der christlichen Botschaft da, sondern kann nach ihr entstehen. Die Möglichkeit einer Freikirche oder Bekenntniskirche ist deshalb nicht ausgeschlossen. Das prophetische Amt steht über dem bischöflichen Amt.

2.4.3. Römer 13

Untertan der Obrigkeit: Das Verhältnis von Kirche und Staat bestimmte auf den Synoden und in den Gemeinden zunehmend die theologische und ethische Diskussion. Die Forderung aus Römer 13, daß ein Christ der Obrigkeit untertan sein müsse, war dabei ein wesentlicher Ausgangspunkt. Die Christen zogen daraus jedoch unterschiedliche Konsequenzen für ihr politisches Verhalten in der DDR.

---

(39) Vgl. Eckhard Lessing: "Selbständigkeit" und "Freiheit" der Kirche. Eine Notiz zum Kirchenverständnis Dibelius' und Barths. Ebd. S.432.

Dibelianismus: Im Verhältnis zum totalitären Staat der DDR nahmen die Anhänger des "Dibelianismus" eine oppositionelle Haltung ein. Sie unterschieden zwischen einer rechtsstaatlich legitimierten Obrigkeit, die von Gott ist, und einer staatlichen Ordnung, deren Herrschaftsstrukturen totalitäre Formen beinhalten (Nationalsozialismus! Stalinismus) und deshalb nicht von Gott ist. Eine ideologisierte Obrigkeit ist also keine Obrigkeit im Sinne von Römer 13. (40) Damit könnte die Zwei-Reiche-Lehre ihre Funktion innerhalb der einen Kirche, die unter zwei verschiedenen weltlichen Mächten und Schwertern existierte, behaupten.

Ein Christ hat nur einem Rechtsstaat Achtung als einer von Gott geschaffenen Obrigkeit entgegenzubringen. Jede andere Obrigkeit gilt es zu ignorieren oder sogar zu hassen. Sabotageakte und das Gebot zur Auswanderung sind legitim. Gesetze haben für Christen keine verpflichtende Kraft. Dibelius selber hat aber nicht zum Ungehorsam gegenüber dem DDR-Staat aufgerufen, jedoch charakterisierte er die Herrschaftsstrukturen der DDR mit Worten von Augustin: "Wo es kein Recht mehr gibt - was sind da die Staaten anderes als Räuberbanden?" (41)

Dibelius Ansichten über die Obrigkeit in einem totalitären Staat entsprachen dem Gefühl der Christen in der DDR mehr als die abgesicherten Formeln der Theologen. Seine Auffassungen wurden daher von vielen Christen geteilt. Sie sahen die Situation des geteilten Deutschland und das Leben unter der Herrschaft des Stalinismus nur als eine Übergangszeit an, in der man in Opposition, auch wenn sie bloß innerlich war, ausharren und möglichst vieles von den überkommenen kirchlichen Werten und Beständen für den Tag X hinüberretten mußte. (42)

---

(40) Vgl. dagegen M. Fischer, a.a.O. S.295.
(41) O. Dibelius: Obrigkeit? Berlin 1959, S.20. Vgl. auch H. Dähn, a.a.O. S.89 und vgl. R. Stupperich, a.a.O. S.547f.

Spätestens mit dem Bau der Mauer 1961 wurde diese Position für eine christliche Existenz in der DDR sehr schwierig. Deutlich wurde dies schon in den Debatten von Dibelius mit den Theologen Heinrich Vogel und Martin Fischer auf der Berlin-Brandenburgischen Provinzialsynode im Januar 1960. Zwar wurde der Obrigkeitsstreit letztendlich versöhnlich ausgetragen, jedoch konnte sich Dibelius mit seinen Ansichten in den nächsten Jahren theologisch und kirchenpolitisch nicht mehr behaupten. (43)

Der Stadt Bestes: H. Gollwitzer hat in seiner Schrift "Christ zwischen Ost und West" (1950) andere theologische und politische Aussagen getroffen. Ein Christ im Osten oder Westen hat immer der Stadt Bestes zu suchen. Dabei steht er jedoch in Opposition zu allen Lagern und gehört keiner Partei an. Die Gegensätze der Welt sind nicht die Gegensätze der Christen. Der Christ ist ein Sklave, der in andere Hände übergegangen ist - in Jesus Christus. Im Westen gilt es, die positive Staatsform der Demokratie zu wahren, jedoch dürfen dabei gute Gründe nicht zur Hetze ausarten.

institutum dei: Eine ähnliche Position vertrat M. Fischer in seinem auf der EKD Synode 1952 gehaltenem Vortrag "Die öffentliche Verantwortung des Christen". Diese öffentliche Verantwortung des Christen wird entscheidend bestimmt vom Problem der ideologisierten Obrigkeit und der Bedeutung der Obrigkeit an sich. Da diese ideologisierte Obrigkeit totalitärer Staaten gleichsam als geistliche Größe auftritt, bedeutet sie für Christen eine Gefahr.

Trotzdem hält M. Fischer fest: "Obrigkeit ist und bleibt 'institutum dei', auch wenn sie Gottes Gebote nicht achtet. Gott

---

(42) Vgl. H-J. Röder: Kirche im Sozialismus. In: R. Henkys (Hrg): Die ev. Kirche in der DDR, München 1982, S.63f.

(43) Vgl. R. Stupperich, a.a.O. S.554.

wird sie zu zwingen oder zu stürzen wissen. Freilich macht derselbe Gott, der an die Obrigkeit bindet, ihr gegenüber frei. Ein NEIN zu konkreten Unternehmungen der Obrigkeit muß aber noch immer ein JA gegenüber der Funktion der Obrigkeit zum Grunde haben." (44) Für M. Fischer ist damit ein Anarchismus vollkommen ausgeschlossen. Der Widerstand gegen eine Obrigkeit geschieht für einen Christen nie aus Gründen grundsätzlicher Revolution, sondern in Anerkennung der von Gott eingesetzten Institution.

"Ist der Staat durch eine Ideologie über diese seine Funktion so hinweggeschritten, daß er nicht mehr der Erhaltung von Menschen dient, sondern daß die Menschen zur Erhaltung seiner ideologischen Postulate zu dienen haben, so haben die Christen mit ihren Werken an der Ideologie vorbei das Fällige, Notwendige, das Gute zu tun und notfalls in solcher Tätigkeit zu leiden." (45) "Die Christenheit bejaht also den Staat, weil sie an sein göttliches Geheimnis glaubt, daß er nämlich den Menschen von Gott zum Dienst eingesetzt ist." (46)

ideologische Koexistenz: Gollwitzer und Fischer versuchten eine Vermittlerposition einzunehmen, denn gegenüber den von vielen vertretenen Dibelianismus mit seiner antikommunistischen Haltung stand konträr die Minderheit der "fortschrittlichen" Pfarrer (Friedenspfarrer, SED-Pfarrer, religiöse Sozialisten) und der prosozialistischen Christen (CDU, christliche Kreise, CFK) in der DDR. Sie versuchten mit staatlicher Protektion eine ideologische Koexistenz zwischen Marxismus-Leninismus und christlichem Glauben aufzubauen.

---

(44) M. Fischer, a.a.0. S.296.

(45) M. Fischer, a.a.O. S.300.

(46) M. Fischer, a.a.O. S.302, und vgl. R. Stupperich S.553.

Das führte dahin, daß Christen aufgefordert wurden, Partei für die Gesellschaftsordnung des Sozialismus zu ergreifen. Die Obrigkeit der DDR wurde positiv bewertet und die Rolle des Stalinismus vollkommen verkannt oder geleugnet. Für Christen, die gesellschaftliche Funktionen übernehmen wollten und eine berufliche Kariere anstrebten, war es oftmals notwendig, diese Meinung zu übernehmen. (47)

Opportunismus: Emil Fuchs, der der bekannteste Theologe dieser Richtung wurde, kam 1961 zu der Überzeugung, daß die humanistische Ethik des Sozialismus ebenso wie der christliche Glaube den Menschen aus seiner Gleichgültigkeit wecken will und zur Verantwortung für seinen Nachbarn und das Ganze ruft. (48) In zentralen Bereichen des gesellschaftlichen Lebens müssen deshalb Christen und Marxisten zusammenarbeiten, da das Christentum und die humanistischen Ziele des Sozialismus identisch sind.

Die Unhaltbarkeit dieser theologischen Position, die in der Praxis lediglich den Opportunismus staatstreuer Christen rechtfertigte, machte Bischof Krummacher deutlich: "Marxistischer Humanismus glaubt an die Vollendung des allmächtigen und selbstmächtigen 'sozialistischen Menschen' ohne Gott. Christlicher Humanismus weiß, daß der Mensch nicht ohne seinen Schöpfer und seinen Erlöser zum wahren Menschentum kommen kann." (49)

Respektierung: In der Frage der Obrigkeit wählte die Kirche einen mittleren Weg. Die Stellung des Christen zum Staat wurde als gültige theologische Aussage auf den EKD- Synoden im Juni 1956 und 1960 definiert: "Das Evangelium rückt uns den Staat unter die gnädige Anordnung Gottes, die wir in Geltung

---

(47) Vgl. M. Fischer, a.a.O. S.393f.
(48) Vgl. H. Dähn, a.a.O. S.75.
(49) F.W. Krummachers Brief vom 22.3.1961 an E. Fuchs. In: KJb 1961, 8.128.

wissen, unabhängig von dem Zustandekommen der staatlichen Gewalt oder ihrer politischen Gestalt."(50) Differenzierte Erklärungen zur Existenzmöglichkeit der Christen in der DDR erfolgten dann in verschiedenen Handreichungen der einzelnen Kirchen, so in der von der EKU im Februar 1959 verabschiedeten Handreichung mit dem Titel "Das Evangelium und das christliche Leben in der DDR" und in der im November 1960 von der Bischofskonferenz der VELKD heraugegebenen "Der Christ in der Deutschen Demokratischen Republik".

Es wird davon ausgegangen, daß es keine konkreten christlichen Anweisungen gibt, wie eine christliche Staats-, Wirtschafts- und Gesellschaftsordnung auszusehen hat. Daher hat ein Christ den real existierenden Sozialismus' zu respektieren und ist darüber hinaus sogar verpflichtet, in bestimmten Bereichen der Gesellschaft mitzuarbeiten. Es wurde versucht, die Christen aus der weit verbreiteten Anti-Haltung herauszuführen, um zu einem konstruktiven Verhältnis von Staat und Kirche zu kommen. Eine reformatorische Kirche ist an die heilige Schrift gebunden und nicht an eine bestimmte Gesellschaftsordnung oder an eine bestimmte Gesellschaftsschicht. (51)

2.4.4. Ende des konstantinischen Zeitalters

Ausharren Tag X: Mitte der 50er Jahre setzte sich bei einigen Theologen die Erkenntnis durch, daß der Rückgang des kirchlichen Lebens nicht primär durch die politische Unterdrückung

---

(50) "Theologische Erklärung" der Synode der EKD, Anlage 7 zum Bericht über die a.o. Tagung der II. Synode der EKD vom 27.-29.6.1956; Erklärung der Kirchenleitung Berlin-Brandenburg vom 1.10.1959 "An die Geistlichen der Ev. Kirche in Berlin-Brandenburg". In: KJb 1959, S.23Of. 51 Vgl. H-J. Röder, a.a.O. S.65.

(51)   Vgl. H-J. Röder, a.a.O. S.65

der Kirchen, sondern durch die veränderten Bedingungen und Situationen der Menschen, die eine zunehmende Säkularisierung begleitete, verursacht wurde. Theologische Orientierungen und kirchenpolitische Entscheidungen waren lediglich auf die überkommenen Verhältnisse fixiert. Dadurch wurde eine Lösung der anstehenden Probleme verhindert (Warten auf Tag X und nicht auf Jesus Christus). (52)

Auf der EKD-Synode 1956 in Berlin-Spandau wurde dieser Sachverhalt vom Generalsuperintendenten Günter Jacob erstmals deutlich in die Diskussionen über das volkskirchliche Verständnis der Kirche eingebracht. "Wir stehen vor der Frage, ob wir im Bannkreis einer langen Überlieferung die konstantinische Konzeption von einer durch das Christentum bestimmten Ära weiterhin festhalten und sie vielleicht gegen alle Abfallprozesse und Zersetzungserscheinungen mit Tapferkeit und Starrsinn verteidigen wollen, oder ob wir jenes konstantinische Vorzeichen heute in einer an die Wurzel gehenden theologischen Besinnung in seiner Fragwürdigkeit durchschauen und abweisen wollen." (53)

Bei der Mehrheit der Christen war dieses Problembewußtsein aber noch nicht vorhanden. In der Handreichung der VELKD von 1960 "Der Christ in der DDR" war noch die Devise gültig, daß Christen in der DDR in christlichem Glauben und in christlicher Geduld auszuharren haben, weil Gott sie in diese DDR hineingestellt hat. Politische Mitarbeit im Staat war auf

---

(52) Vgl. M. Fischer, a.a.O. S.387. "sind die Christen ... in der Gefahr, mehr auf den Tag X als auf den Tag Jesu Christi zu hoffen, so muß den Kommunisten umgekehrt zu denken geben, mit welcher Selbstverständlichkeit fast das ganze Volk und hier insbesondere die Christen Heimat und Rückhalt an den politischen und kirchlichen Volksgenossen in der Bundesrepublik finden."
(53) G. Jacob: Der Raum für das Evangelium in Ost und West. In: KJb 1956, S.11.

Grund seines atheistischen Charakters nicht möglich - politischer Widerstand jedoch ebenso untersagt, da die DDR-Regierung den Christen als von Gott gegebene Obrigkeit zugeordnet war. (54)

Sterben der Kirche:.... Daß die volkskirchlichen Strukturen mehr und mehr einer Vergangenheit angehörten und daß das Verhältnis von Kirche und Staat neu überdacht werden mußte, wurde zuerst den jungen Christen bewußt. Aus Beobachtungen in den Studentengemeinden formulierte Elisabeth Adler (Leiterin Ev. Akademie Ost-Berlin) 1960:

"Man hat gelernt, daß es in der DDR nicht darum gehen kann, als Christ zu überwintern, die Kirche hindurchzuretten durch eine Zeit atheistischer Angriffe. daß es nicht darum gehen kann, sich in der Kirche wie in einer festen Burg einzumauern und ab und zu Ausfälle nach draußen zu unternehmen oder wenigstens die Burg zu verteidigen und Widerstand gegen die Erstürmung der Burg zu leisten. Man hat gelernt, daß man die Gemeinschaft mit Kommunisten und Halbkommunisten, mit Ängstlichen und Indifferenten außerhalb der Kirche nicht abbrechen darf, sondern sie suchen muß. Man hat gelernt, daß man keine Angst haben muß vor dem Kommunisten, ... sondern Angst vor der Sterilität der Kirche, vor dem Sterben der Kirche durch sie selbst." (55)

Erst nach dem Bau der Mauer und nach der Überwindung der sich anschließenden Schockphase wurden diese Überlegungen für eine Neuorientierung in einer breiteren christlichen Öffentlichkeit weitergeführt. Dabei knüpften nicht wenige an die Thesen von Bonhoeffer an, der in einer religionslosen Zeit Christlichkeit wegweisend neu überdacht hatte.

---

(54) Vgl. H-J. Röder, a.a.O. S.67.
(55) Zitiert bei H-J. Röder, a.a.0. S.67.

Teil III (1961 - 1978) Entspannung

3.1.1. Mauerbau

antifaschistischer Schutzwall: Am 13. August 1961 wurde mit dem Mauerbau in Berlin die letzte Möglichkeit für einen ungehinderten Übergang in den Westen beseitigt. Die Schließung der Demarkationslinien war vom Standpunkt der Machterhaltung ein Akt der Notwehr, denn immer mehr Menschen flüchteten aus politischen und wirtschaftlichen Gründen in den anderen Teil Deutschlands und schwächten somit die ökonomische und die politische Stabilität der DDR. Diese "Abstimmung mit den Füßen" gegen den Staat konnte nicht länger geduldet werden. Die Errichtung dieses "antifaschistischen Schutzwalles" geschah unter voller politischer und militärischer Abdeckung durch den Warschauer Pakt.

Arrangement: Der Mauerbau war für die Deutschen in Ost und West schockierend. Es setzte sich nach und nach die Erkenntnis durch, daß die Wiedervereinigung Deutschlands in absehbarer Zeit nicht mehr möglich sein würde. Von nun ab waren die DDR-Bürger gezwungen, sich mit den gesellschaftlichen Verhältnissen abzufinden und zu arrangieren. Für die Kirchen bedeutete dies, daß sie ihre kirchenpolitischen Entscheidungen des Ausharrens und des Widerstehens überdenken mußten.

Das Problem der Ausgrenzung und Einmauerung eines halben Volkes brachte zwar vorübergehend eine politische Beruhigung für die DDR-Regierung, konnte aber die Ursachen für die Unzufriedenheit mit den gesellschaftlichen Verhältnissen nicht beseitigen. Eine DDR-eigene Staatsidentität entwickelte sich daher nur bei einem geringen Teil der Bevölkerung.

Erst nach dem Bau der Mauer und nach der Überwindung der sich anschließenden Schockphase wurden diese Überlegungen für eine Neuorientierung in einer breiteren christlichen Öffentlichkeit weitergeführt. Dabei knüpften nicht wenige an die Thesen von Bonhoeffer an, der in einer religionslosen Zeit Christlichkeit wegweisend neu überdacht hatte. (1)

3.1.2. Neue Verfassung

Stabilisierung: In der zweiten Hälfte der 60er Jahre kam es zu einer wirtschaftlichen und innenpolitischen Stabilisierung der DDR. Der VI. Parteitag der SED im Januar 1963 beschloß den Beginn der Periode des umfassenden Aufbaus der entwickelten sozialistischen Gesellschaft. Durch wichtige Gesetze wurde dieser Anspruch festgeschrieben. (1965 Gesetz über das einheitliche soz. Bildungssystem; 1967 Gesetz über die Staatsbürgerschaft; 1968 zweite Verfassung). Mit der Rede von Walter Ulbricht, in der der Kommunismus sowjetischer Prägung als zu erstrebendes Ziel festgelegt wird, kommt es gleichzeitig zu einer offenen und verschärften Kampfansage gegen alle 'Spielarten bürgerlicher Ideologien' (Einführung der sozialistischen Gebote). (2) Die Kirchen antworteten einen Monat später mit ihren "Zehn Artikeln über Freiheit und Dienst der Kirche".

Neue Verfassung: Die zweite Verfassung vom 6.April 1968, die durch eine verhältnismäßig freie Volksabstimmung angenommen wurde, definiert die DDR als einen Sozialistischen Staat deutscher Nation, in dem die politischen Organisationen

---

(1)   Vgl. R. Hildebrandt: Es geschah an der Mauer, Berlin 1988, 16.Aufl. S.4-18. und vgl. Jochen Franke: Zur Reaktion von CDU-Führung und CDU-Basis(Ost) auf den Mauerbau am 13. August 1961, in: Deutschland Archiv Nr.8/1990, S.1250.

(2)   Vgl. DDR, Fischer Weltalmanach, a.a.O. S.118.

der Werktätigen in Stadt und Land, gemeinsam unter Führung der Arbeiterklasse und ihrer marxistisch-leninistischen Partei, den Sozialismus verwirklichen. Diese Verfassung festigte die Führungsrolle der SED. In einer Verfassungsänderung 1974 wurden die Begriffe "Deutschland" und "deutsche Nation" beseitigt und die Freundschaft mit der UdSSR zum Verfassungsgrundsatz erhoben. (3)

Glaubensfreiheit: Auch in der Diskussion um diese neue Verfassung gelang es den Kirchen nicht, Entwicklungstendenzen, die die Glaubens- und Gewissensfreiheit der Christen einengten, zu beeinflussen. Die kirchenpolitischen Ausführungen wurden im Vergleich zur ersten Verfassung erheblich gekürzt. Das bedeutete aber noch keine juristische Einschränkung. Der Artikel 38 wurde durch weitere Rechtsnormen abgesichert. (Art.6 Abs.5 Verf.; § 133 StGB) Die Bischöfe der 7 Landeskirchen mahnten aber an, daß die Kürze der Artikel auch gleichzeitig inhaltliche Defizite aufweise, die durch diese Unschärfe geeignet seien, Konflikte zwischen Staat und Kirche herbeizuführen. (4)

3.1.3. Entspannungspolitik

August 1968: Im August 1968 beteiligte sich die Nationale Volksarmee (NVA) an der bewaffneten Intervention des Warschauer Pakts in der CSSR. Das ideologische System erlitt durch diesen Vorgang einen erheblichen Schaden. Kritische DDR-Bürger wurden in anschließenden Säuberungsaktionen aus verantwortlichen Positionen in Beruf und Gesellschaft entfernt.

Anerkennung: Ab 1970 setzte aufgrund der neuen Ostpolitik des Bundeskanzlers Brandt ein Entspannungsprozeß ein. Im

---

(3)   Vgl. K. Lau, a.a.O. S.21f.
(4)   Vgl. H. Dähn, a.a.O. S.97.

Dezember 1972 wurde der Grundlagenvertrag zwischen der BRD und der DDR unterzeichnet. Im September 1973 wird dann die DDR Mitglied der UNO. Im Jahre 1975 wird die KSZE-Schlußakte angenommen. 1976 festigt Honecker seine Macht und übernimmt den Vorsitz im Staatsrat der DDR und andere Schlüsselpositionen. Die DDR wird von vielen Ländern als souveräner Staat anerkannt, womit der Alleinvertretungsanspruch der Bundesrepublik faktisch aufgehoben wird. (5)

Regimekritik: Der Prozeß der Entspannung nach außen bringt dennoch keine Verbesserung der innenpolitischen Lage. Im November 1976 wird der bekannte Liedermacher Wolf Biermann aus der DDR ausgebürgert. Diese Ausbürgerung verursachte einen landesweiten Protest von namhaften Künstlern. Das Verhältnis zwischen Regierung und Künstlern war nachhaltig gestört. Viele verließen ebenfalls das Land oder zogen sich aus dem Kulturleben zurück. Am 11.9.1976 hatte Biermann innerhalb eines Jugendgottesdienstes in der Nikolaikirche in Prenzlau ein Konzert gegeben. (6) Die Auftritte regimekritischer Künstler in Kirchen der DDR belasteten in den folgenden Jahren das Verhältnis Staat Kirche zunehmend.

3.1.4. Ökonomie

Wirtschaftsreform: 1963 wurde das "Neue Ökonomische System der Planung und Leitung der Volkswirtschaft" (NÖSPL)

---

(5)   Die Politik der friedlichen Koexistenz war aber für die SED nur eine Form des Klassenkampfes. Die grundlegenden Probleme der Menschheit lassen sich im Verständnis der Honeckerführung nicht durch Evolution, sondern nur durch revolutionäre Überwindung des Kapitalismus lösen. Die Kirchen haben diese ideologische Prämisse gern übersehen, um sich Ärger zu ersparen. Vgl. auch Helmut Teichmann: Die Politik der Honeckerführung seit Anfang der siebziger Jahre. In: Deutschland Archiv Nr.8 1990, S.1213.
(6)   Vgl. D. Linke: Niemand kann zwei Herren dienen, Hamburg 1988, S.116.

eingeführt. Als eine Art Wirtschaftsreform wurde die Eigenverantwortlichkeit der Betriebe gestärkt, das Prämiensystem eingeführt, die Konzentration einzelner Betriebe zu Kombinaten fortgeführt und in der Landwirtschaft die Spezialisierung in Tier- und Pflanzenproduktion durchgesetzt.

Da es wegen des Mauerbaus keine Abwanderung von qualifizierten Fachkräften mehr gab und das Wirtschaftssystem stärker auf den RGW-Bereich ausgerichtet wurde, stellte sich bis 1974 eine Stabilisierung der wirtschaftlichen Lage ein. Hinzu kam, daß die Bevölkerung sich nach und nach mit dem Mauerbau abfinden mußte und sich in den sozialistischen Verhältnissen einzurichten begann. Im allgemeinen herrschte in dieser Zeit bei den politischen und wirtschaftlichen Kadern eine positive Aufbruchsstimmung vor, die erst ab 1975 wieder in Stagnation umschlug. (7)

Wirtschafts- und Sozialpolitik: Nach der Entmachtung von Ulbricht trat 1971 Erich Honecker an dessen Stelle. Mit dem VIII. Parteitag der SED wurden Teile des NÖSPL-Systems wieder zurückgenommen und als Hauptaufgabe der Politik die Einheit von Wirtschafts- und Sozialpolitik bestimmt. Dabei war ein wesentlicher Schwerpunkt das Wohnungsbauprogramm, das bis 1990 die Wohnungsfrage als soziale Frage lösen sollte.

---

(7)   Vgl. Helmut Teichmann: Die Politik der Honeckerführung seit Anfang der siebziger Jahre. In: Deutschland Archiv Nr.8 1990, S.1212. "Nicht wenige Angehörige meiner Generation (geb.1948) glaubten, die Veränderungen, die sich mit dem VIII. Parteitag der SED 1971 ergaben, wären die Einleitung einer demokratischen Entwicklungstendenz, die an den Bedürfnissen des Volkes orientiert sei, dafür gab es auch Gründe, wie z.B. die internationale Anerkennung der DDR, die Orientierung der Wirtschaft auf sozialpolitische Aspekte wie z.B. das Wohnungsbauprogramm, das sozialpolitische Regierungspaket und vieles andere mehr.". dann bemerkt Teichmann aber weiter: "Es handelte sich nicht um einen wirklichen Bruch mit dem stalinistischen Opportunismus, sondern um die bis dahin vielleicht raffinierteste Modifizierung des kriegskommunistischen Politiktyps."

1972 erfolgte ein weiterer schwerwiegender Eingriff in die Eigentumsstruktur. Ca. 11.000 privat oder halbstaatlich arbeitende Industriebetriebe und ein erheblicher Teil der PGH's wurden in sogenannte Volkseigene Betriebe (VEB) umgewandelt. (8)

Durch diese Überführung des Mittelstandes in sozialistische Eigentums- und Produktionsverhältnisse wurde der Volkswirtschaft, wie sich in den späteren Jahren zeigte, ein erheblicher Schaden zugefügt. Anders als noch bei der Zwangskollektivierung der Landwirtschaft war es den Enteigneten nicht mehr möglich, sich im Westen eine neue Existenz aufzubauen. Als Leiter ihrer eigenen Betriebe mußten sie oftmals deren Ruinierung mit ansehen.

Industriemacht: Dennoch konnte sich die DDR als eine führende Industriemacht im Rat für gegenseitige Wirtschaftshilfe (RGW) behaupten. Die besonderen wirtschaftlichen Verbindungen zur Bundesrepublik wirkten dabei sehr begünstigend. Trotzdem entwickelte sich das Produktivitätsniveau im Vergleich zur Bundesrepublik weiterhin zum Negativen für die DDR. (9)

3.2.1. Loyalität

Mitarbeit: Im Zusammenhang mit den theologischen Streitigkeiten um die Zehn Artikel über Freiheit und Dienst der Kirche distanzierten sich die Kirchenleitungen im Jahre 1963

---

(8) Vgl. Ebd. S.1214: "Die Verstaatlichung der Produktionsmittel wurde gleichgesetzt mit Volkseigentum und somit mit einer höheren Form der Vergesellschaftung." Die Kirchen der DDR reagierten auf diese neue Enteignung nicht mehr. Dagegen lobten sie die Sozialpolitik der Honeckerführung und priesen die friedliche Koexistenz.

(9) Zu den wirtschaftspolitischen Entscheidungen und ihren Folgen, die zum Sturz Ulbrichts führten vgl. G. Naumann/E. Trümpler: Von Ulbricht zu Honecker. 1970 Krisenjahr (Dokumente), Berlin 1990

mehr und mehr vom Dibelianismus. Die Obrigkeitslehre von Dibelius wurde theologisch und politisch abgelehnt.

Die Kirchen in der DDR signalisierten zunehmend ihre Bereitschaft, auch im innenpolitischen Bereich an der Lösung gesellschaftlicher Aufgaben mitzuarbeiten. Die evangelischen Bischöfe brachten dies in ihrem Brief vom 15.2.1968 an W. Ulbricht anläßlich des Verfassungsentwurfs zum Ausdruck: "Als Staatsbürger eines sozialistischen Landes sehen wir uns vor die Aufgabe gestellt, den Sozialismus als eine Gestalt gerechteren Zusammenlebens zu verwirklichen."(10) Mit dieser Festlegung wurden von der Kirche letztendlich die sozialistischen Eigentums- und Produktionsverhältnisse und der stalinistische Führungsanspruch der SED sanktioniert. (11)

Kirchenbund: Nach mehreren Informationsgesprächen und Arbeitskontakten zwischen Staat und Kirchenbund kam es am 24.2.1971 zur offiziellen Anerkennung des Bundes der Evangelischen Kirchen in der DDR durch den Staat. Wenige Tage zuvor wurde in einer Rede Paul Verners (Mitglied des Politbüro der SED) die Mitarbeit der Christen beim Aufbau des Sozialismus erwünscht. Bedingung war allerdings die Anerkennung der in der DDR bestehenden staatlichen und sozioökonomischen Verhältnisse und die aktive Unterstützung der Friedenspolitik der DDR. In dem Gespräch mit den Staatssekretär für Kirchenfragen H. Seigewasser begrüßte Bischof Schönherr auch die Bemühungen der DDR um ihre weltweite völkerrechtliche Anerkennung. (12)

---

(10) Schreiben der Bischöfe der Konferenz der Ev. Kirchenleitungen in der DDR vom 15.2.1968 an den Staatsratsvorsitzenden W. Ulbricht. In: KJb 1968, S.181.

(11) Vgl. Ehrhart Neubert: Eine protestantische Revolution. In: Deutschland Archiv, Nr.5 1990, S.706: "Die Kirchen waren in alle Wirrnisse der DDR-Geschichte einbezogen. Dazu gehörte auch opportunistisches Verhalten.";
Vgl. auch H. Dähn, a.a.O. S.107.   (12) Vgl. auch H. Dähn, a.a.O. S.106.

Opportunismus: "Die acht Landeskirchen haben sich zum Bund der Evangelischen Kirche in der DDR zusammengeschlossen. Sie nehmen diese Aussage ernst. Für sie ist die DDR der Staat, in dem sie Zeugnis und Dienst, zu dem ihr Herr sie gerufen hat, auszuüben haben. Das Barmer Bekenntnis redet in These 5 von der Würde des Staates, die nach christlichem Glauben auf göttlicher Anordnung beruht, von der Verantwortung der Regierenden und Regierten und von den Versuchungen für Staat und Kirche, die dann drohen, wenn diese ihren besonderen Auftrag überschreiten.

Es ist kein billiger Opportunismus, sondern innere Verpflichtung des Christen, wenn er der Stadt und des Staates Bestes wünscht, für sie betet und seine Verantwortung handelnd wahrnimmt. Die Kirche wird sich darum allen Versuchen widersetzen, diesen Staat zu diskriminieren, und wünscht ihm, daß er auch rechtlich den Platz in der Völkerwelt einnehmen möge, der ihm die volle Mitarbeit an den Problemen des Weltganzen, besonders im Rahmen der UNO und ihrer Gliederungen, ermöglicht."(13)

Identifikation: Die Konferenz der Evangelischen Kirchenleitungen gab in ihrem Bericht vor der Synode des Bundes in Juli 1971 in Eisenach die Definition einer Zeugnis- und Dienstgemeinschaft in der DDR ab: als Kirche i n dieser Gesellschaft, nicht neben ihr, nicht gegen sie. "Die Kirchen haben sich die Aufgabe gesetzt, den Christen zu helfen, den Platz in ihrem Staat zu finden, an den sie ihre Mitverantwortung in der Weise wahrnehmen können, zu der sie Zeugnis und Dienst des Evangeliums

---

(13) Bischof A. Schönherr: Ansprache des Vorsitzenden der Konferenz der Ev. Kirchenleitungen in der DDR, Bischof D. Albrecht Schönherr, beim Empfang des Vorstandes der Konferenz durch den Staatssekretär für Kirchenfragen, Hans Seigewasser, am 24.2.1971. In: Kirche als Lerngemeinschaft. Dokumente aus der Arbeit des Bundes der Ev. Kirchen in der DDR. Berlin/DDR 1981, S.167.

verpflichten." (14)   Mit der Behauptung, daß Christen Platz in i h r e m Staat finden sollten, wurde jedoch verkannt, daß es bei der überwiegenden Mehrheit der Christen eine solche Identifikation mit dem DDR-Staat nicht gab.

3.2.2.   6. März 1978

Positionsbestimmung: Am 6. März 1978 kam es zu einem erneuten Gespräch zwischen Staat und Kirche. Es diente nicht einer Neuorientierung, sondern einer Bilanzierung des bisher Erreichten, der Festschreibung der Positionsbestimmung der Kirche in der sozialistischen Gesellschaft. Dabei wurden auf einzelnen Feldern Verbesserungsmöglichkeiten gesucht und gefunden. Es waren dies die zehn Bereiche:

1. Kirchliche Bauvorhaben; 2. Funk und Fernsehen; 3. Lutherjubiläum 1983; 4. Seelsorge im Strafvollzug; 5. Altersversorgung für Mitarbeiter; 6. Einfuhr kirchl. Literatur; 7. kirchl. Kindergärten; 8. kirchl. Landwirtschaft; 9. kirchl. Friedhöfe; 10. Feierabend- und Pflegeheime;

An dem Gespräch im Amtssitz des Staatsrates nahmen vom Vorstand der Konferenz der Kirchenleitungen teil:

Bischof Schönherr, Bischof W. Krusche, Präsident K. Domsch, C. Schultheiß, Präses S. Wahrmann, OKR Manfred Stolpe

Mitverantwortung: Der Kirche wurde von Honecker ein eigenständiges Wirken als "bedeutsamer Faktor des gesellschaftlichen Lebens" zugesprochen. "Damit wird auch der von der Kirche kontinuierlich vertretene Standpunkt,   die evangelische

---

(14)   Aus dem Bericht der Konferenz der Ev. Kirchenleitungen vor der Synode des Bundes im Juli 1971 in Eisenach. In: Kirche als Lerngemeinschaft. A.a.O. S.172.

Kirche könne als Kirche der Reformation keine Kultkirche sein, sondern sie habe auch eine gesellschaftliche Mitverantwortung wahrzunehmen, von Partei und Staat nicht mehr bestritten." (15)

Christliche Bürger: Dieses Gespräch hatte eine nicht zu unterschätzende Signalwirkung, auch wenn der Bereich der ideologischen Erziehung als Tabuthema ausgeklammert blieb. Kirche und Staat stellten mit Befriedigung fest, daß die Beziehungen in den letzten Jahren von Sachlichkeit, Vertrauen und Freimütigkeit geprägt waren. Von Bischof Schönherr wurde diese Feststellung eingeschränkt und dahingehend interpretiert, daß das Verhältnis von Staat und Kirche so gut sei, wie es der einzelne christliche Bürger in seiner gesellschaftlichen Situation vor Ort erfährt. (16) Das Problem, daß Christen weiterhin zu "Bürgern zweiter Klasse" herabgesetzt oder als "gesellschaftlich defekt" angesehen wurden, war mit diesem Gespräch, trotz aller erreichten Verbesserungen für die Kirche, nicht aus der Welt geschafft. (17)

3.2.3. atheistische Erziehung

Weltanschauung: Die Kirchen erreichten es nicht, den Staat von seiner aktiven Unterstützung der Jugendweihe mit den damit für Christen verbundenen Repressalien abzubringen. Ebenso war es nicht möglich, eine weltanschaulich neutrale Strukturierung des Bildungs- und Erziehungswesen durchzusetzen.

Am 25.2.1965 wurde von der Volkskammer das Gesetz über das einheitliche sozialistische Bildungssystem beschlossen. In den vorausgegangenen Konzeptionen wurde die marxistisch-

---

(15) H. Dähn, a.a.O. S.193.

(16) Vgl. auch Pressemitteilung des Staatsrates der DDR vom 7.März 1978. In: Kirche als Lerngemeinschaft, S.218ff, hier S.221.

(17) Vgl. H-J. Röder, a.a.O. S.81.

leninistische Weltanschauung als einziges Fundament sozialistischer Bildungspolitik definiert. Diese Festlegung wurde zwar nicht im Wortlaut in das Gesetz von 1965 übernommen, aber dennoch in der Praxis so gehandhabt. Schüler, Lehrlinge und Studenten sollten befähigt werden, sozialistisch zu denken, zu fühlen und zu handeln. Es wurde dementsprechend versucht die Rolle des Elternhauses in seiner Bedeutung für die Erziehung zurückzudrängen.

Atheismus: Die neue sozialistische Bildungskonzeption, die in den Jahren von 1964 bis 1972 erarbeitet wurde, beschränkte sich in ihrer Anwendung aber nicht nur auf den schulischen und außerschulischen Bereich (FDJ, GST, DSF, DTSB), sondern sollte auf die gesamte Bevölkerung ausgedehnt werden. In einen Beschluß des Politbüros des ZK der SED vom 7.11.1972 wird gefordert, daß das wissenschaftliche Weltbild in der ganzen Arbeiterklasse, bei allen Werktätigen und besonders bei der Jugend, systematisch zu propagieren ist. Ausdrücklich wird betont,. und das kurz nach der Anerkennung des Kirchenbundes, daß stärker und in vielfältiger Weise der atheistische Charakter der marxistisch-leninistischen Weltanschauung zur Geltung zu bringen ist. (18) Glaube und Wissen wurden zum unversöhnlichen und sich ausschließenden Gegensatz erklärt.

Klassenstandpunkt: Im Mittelpunkt des Erziehungsauftrages der FDJ und der Pionierorganisation stehen die Herausbildung eines festen marxistisch-leninistischen Klassenstandpunktes, die Aneignung des Marxismus-Leninismus einschließlich seiner atheistischen Komponente und die Herausbil-

---

(18) Vgl. "Die Aufgaben der Agitation und Propaganda bei der weiteren Verwirklichung der Beschlüsse des VIII. Parteitages der SED". Beschluß des Politbüros des ZK der SED vom 7.11.1972. In: "Neues Deutschland" vom 11.11.79, S.3-4; und O. Klohr, a.a.O. S.21f.

dung eines Freund-Feind-Bildes. Wer kirchliche Veranstaltungen besucht, wurde einer ungefestigten weltanschaulichen Position bezichtigt und hatte die Konsequenzen mit einer Benachteiligung in seinen Entwicklungschancen zu tragen. (19)

Repressalien: "Die konsequente Durchsetzung der sozialistischen Erziehungsziele in der Schule wie auch in den anderen Bildungsinstitutionen führte im Jahre 1969 nach der Gründung des Kirchenbundes und im Jahre 1971 nach dessen offizieller 'Anerkennung' durch die DDR-Regierung zu nicht wenigen Fällen offener Benachteiligung junger Christen und ihrer Eltern; und zwar dann, wenn die Jugendlichen durch ihre Teilnahme an der Christenlehre, an der Konfirmation, am kirchengemeindlichen Leben ihre Zugehörigkeit zum christlichen Glauben und zur Kirche bekannten." (20) Im Bericht der Konferenz der Kirchenleitungen auf der Schweriner Bundessynode Ende Mai 1973 wird formuliert: "Nachrichten von der Nichtaufnahme christlicher Kinder in die Vorbereitungsklassen und in die EOS, von Zurückweisungen vom Hochschulstudium, von der Zurücknahme schon ausgesprochener Zulassungen und von Relegierungen gehören leider weiterhin zum 'täglichen Brot' der Kirchenleitungen." (21)

Disziplinierung: Die Erziehung zur allseitig gebildeten sozialistischen Persönlichkeit beinhaltete neben der Verbreitung weltanschaulich-philosophischer Positionen auch das Erlernen einer politisch-ideologischen Überzeugung. Es wurde indoktriniert, daß die DDR der "deutsche Staat des Friedens und der Freiheit, der Menschlichkeit und der sozialen Gerechtigkeit" ist. Aus dem Kampf der beiden Gesellschaftssysteme Kapitalismus

---

(19) Vgl. H. Dähn, a.a.O. S.119.

(20) H. Dähn, a.a.O. S.122.

(21) Bericht der KKL an die 5.Tagung der 1.Synode des BEK in der DDR für ihre Tagung vom 26.-29.5.1973 in Schwerin, S.8. In: epd-Dokumente Nr.25/73.

und Sozialismus, werde der Sozialismus siegreich hervorgehen. Die Erziehung zum Haß gegen den imperialistischen Klassenfeind war daher ebenso ein Bestandteil der Politik, wie auch die auszubildende Überzeugung, daß Demokratie, Freiheit und Menschlichkeit nur in einer Gesellschaftsordnung marxistisch-leninistischen Typus gesichert sind. (22)

Der atheistische und marxistisch-leninistische Charakter dieser staatlichen Erziehung war aber nur sekundärer Natur. Vor allen Dingen hatte sie eine repressive Funktion zu erfüllen. Disziplin und Ordnung waren die obersten Gebote, um die Schüler in Kollektive einzuordnen und kollektive Normen zum absoluten Maßstab für Denken und Handeln aufzubauen. "Man kann das Ziel staatlicher Erziehung auf einen Punkt bringen: Die Individualität hemmen und den eigenen Willen brechen! Dieses Prinzip wurde rücksichtslos auf allen Stufen der staatlichen Erziehung durchgesetzt. ... Die Schulen waren die Zuchtanstalten der Nation. Unter der zynisch-perfiden Parole der 'allseitig gebildeten Persönlichkeit' wurde hier jedem das 'Rückrat' gebrochen, und es kam keiner heraus, der sich nicht einengenden Normen und repressiver Manipulation unterworfen hätte." (23)

3.2.4. Wehrerziehung

Ehrenpflicht: In der Verfassung von 1968 wird die sozialistische Wehrerziehung als Recht und Ehrenpflicht der Bürger legitimiert. Sie wird zunehmend in den gesamten Bildungs- und Erziehungssystem integriert und umfaßt vier Elemente:

---

(22) Vgl. "Aufgabenstellung" 1969. In: Deutsche Lehrerzeitung, 16.Jg., Nr.19, 1969 (DLZ-Information), S.5f.

(23) Hans-Joachim Maaz: Der Gefühlsstau. Ein Psychogramm der DDR. Berlin 1990, S.25 und S.27.

1.) *Wehrmotivation* - Überzeugung von der Notwendigkeit, den Sozialismus zu verteidigen (Verteidigungswürdigkeit)
2.) *Wehrbewußtsein* - Verständnis für politische Grundfragen, die von Partei und Staat definiert werden
3.) *Wehrmoral* - Normen, Einstellungen und Überzeugungen zur sozialistischen Landesverteidigung (sittlich-moralische Haltung)
4.) *Wehrbefähigung* - militärische Kenntnisse und Einübung physischer Fähigkeiten (Disziplin und sportliche Körperertüchtigung)

Wehrunterricht: Sozialistische Wehrerziehung in der DDR begann bereits bei den Kindern im Vorschulalter und zog sich dann durch alle Bereiche des Erziehungswesens bis zu den Hochschulen durch. Die Vermittlung eines Feindbildes ist Erziehungsschwerpunkt und führte zu nachhaltigen Spannungen mit den christlichen Moralvorstellungen der Kirchen. Als 1978 durch eine Direktive des Ministers für Volksbildung die obligatorische Einführung des Wehrunterrichts an den Schulen beschlossen wurde, war die Schmerzgrenze bei den Kirchen erreicht. Sie reagieren mit ihrem Studien- und Aktionsprogramm "Erziehung zum Frieden". (24)

---

(24) Vgl. "Handreichung zur sozialistischen Wehrerziehung". Hrsg. von K. Ilter/ A. Herrmann/ H. Stolz im Auftrage des Ministeriums für Volksbildung, Berlin/ DDR 1974, S.33ff.
Vgl. H. Dähn, a.a.O. S.115, Das von der KKL am 13.9.1980 mit Zustimmung zur Kenntnis genommene 'Rahmenkonzept Erziehung zum Frieden" unterscheidet drei Ebenen, auf die die Friedenserziehung bezogen sein soll: die globale, die gesellschaftliche und die zwischenmenschliche Ebene. Die gesellschaftliche Ebene, auf der man sich mit allen Formen von Unfrieden, Ungerechtigkeit, Gewalt und Unfreiheit in der Gesellschaft auseinandersetzen wollte, wurde dann auch der entscheidende Konfliktpunkt der späteren Auseinandersetzungen zwischen kirchlichen Basisgruppen, Amtskirche und Staat. Vgl. Rahmenkonzept "Erziehung zum Frieden" in: Kirche Lerngemeinschaft, a.a.O. S.266-275.

3.3.1. Bund der Ev. Kirchen in der DDR (BEK)

Trennung: Die staatlichen Organe der DDR versuchten seit Jahren die Arbeit der EKD zu behindern. Seit dem 13. August mußten die Synodalen der EKD an getrennten Orten tagen und der Rat der EKD konnte nicht mehr vollzählig zusammenkommen. In einem Kirchengesetz vom 4.4.1967 wurden daraufhin regionale Tagungen in Ost und West vorgesehen.

Sie konnten aber den organisatorischen Auflösungsprozeß der EKD nicht mehr aufhalten. In ihrer letzten beschlußfähigen Regionaltagung (Ost) der EKD Synodalen in Fürstenwalde/Spree im April 1967 wurde noch einmal eine Erklärung zur Einheit der Evangelischen Kirche in Deutschland abgegeben: "Die Kirchen der Evangelischen Kirche in Deutschland sind beieinander. Unser evangelisches Bekenntnis weist uns an, kirchliche Gemeinschaft nur dann aufzukündigen, wenn der Bruder in Irrlehre oder Ungehorsam gegen den Herrn der Kirche beharrt. Diese Gründe zu einer Trennung der Kirchen innerhalb der EKD liegen nicht vor." (25)

Das Bekenntnis zur organisierten Gemeinschaft der EKD war jedoch nur vordergründig. Für die weiteren Jahre wurde ein oft überlesener Satz in der Erklärung wichtiger: "Wir werden uns gegenseitig soweit freizugeben haben, daß wir unserem Auftrag in dem Teil Deutschlands, in dem wir leben, gerecht werden."(26)

DDR-Kirchenbund: Am 5.6.1968 setzten die Kirchenleitungen in der DDR eine gemeinsame Strukturkommission ein, die den Entwurf zu einer Ordnung für einen DDR-Kirchenbund

---

(25) Erklärung der in Fürstenwalde versammelten Mitglieder der EKD-Synode vom 5. April 1967. In: R. Henkys (Hrsg.), Bund der Ev. Kirchen in der DDR, Dokumente epd 1970, S.99.

(26) a.a.O. S.101

ausarbeitete, dem dann bis Anfang Mai 1969 sämtliche Landes-
synoden zustimmten. Ursachen dieses neuen rechtlich-organisa-
torischen Zusammenschlusses liegen in folgenden Punkten:

a) Das Dienst- und Auftragsverständnis der Kirchen löste
sich in einer zunehmenden Minderheitensituation mehr und
mehr von volkskirchlichen Vorstellungen.

b) Es bestand die Aufgabe, Zeugnis und Dienst in einem politischen und sozioökonomischen System zu leisten, das fundamentale Differenzen zur westdeutschen Gesellschaftsordnung
aufwies.

c) Mit dem Artikel 39 der neuen Verfassung von 1968 er-
kannte der DDR-Staat die Legitimation eines aus Ost- und West-
mitgliedern zusammengesetzten Leitungsorgans der Kirche
nicht mehr an. Ein Festhalten an den bisherigen Organen wäre
einer Verletzung verfassungsrechtlicher Normen gleichgekom-
men. Die Staatsräson wurde von den Kirchen der DDR geachtet.
Ein Auseinanderbringen und gegenseitiges Ausspielen der Kirchen durch den Staat sollte verhindert werden.

d) Bereits vor der Gründung der EKD im Jahre 1948 wurde
die 'Konferenz der Evangelischen Kirchenleitungen im Gebiet
der DDR (KKL)' (Bezeichnung erst 1950) gegründet. Mit der Ver-
tiefung der deutschen Teilung gewann dieses Gremium an Bedeutung, während der Einfluß des Rates der EKD zurückging.
(27)

Geheimdiplomatie: Am 10. Juni 1969 war der Prozess zur
Gründung des Bundes der Evangelischen Kirchen in der DDR
abgeschlossen. Eine Diskussion über diese Gründung wurde an
der kirchlichen Basis nicht geführt. Die Gemeinden wurden faktisch übergangen. Ein Interview im Januar 1969 mit dem dama

---

(27) Vgl. H-J. Röder, a.a.O. S.69, und R. Henkys (Hrsg.), Bund der Ev. Kirchen
in der DDR, a.a.O. S.21, und H. Dähn, a.a.O. S.102

ligen Vorsitzenden der Strukturkommission zur Bildung des Kirchenbundes Albrecht Schönherr war die erste und lange Zeit einzige substantielle Information über den Kirchenbundplan, die den Gemeinden zur Verfügung stand. (28) Für viele war dieses Interview schockierend.

Bischof Albrecht Schönherr hat die Gründung des Bundes mit Mitteln der Geheimdiplomatie als seinen eigentlichen Geburtsfehler bezeichnet. (29) Die daraus folgende negative Wirkung auf die weitere kirchliche Entwicklung wurde unterschätzt, denn diese Geheimdiplomatie war nicht nur lediglich ein Geburtsfehler, sondern wurde bis zum Zusammenbruch der DDR gängige Praxis im Verhältnis zwischen Staat und Kirche. Viele Gemeindeglieder empfanden deshalb zwischen sich und den Kirchenleitungen einen tiefen Graben.

VELK-EKU   Von den alten, grenzüberschreitenden gliedkirchlichen Zusammenschlüssen VELKD und EKU lösten sich die Evangelisch-Lutherischen Kirchen in der DDR (Landeskirche Sachsen, Magdeburg und Thüringen) heraus und konstituierten sich (bereits vor der Gründung des BEK) am 1.12.1968 zur selbständig vereinigten VELK DDR. Die EKU Gliedkirchen (Berlin-Brandenburg Ostregion, Kirchenprovinz Sachsen, Greifswald, Anhalt, Görlitzer Kirchengebiet) vollzogen diesen Schritt jedoch nicht, da die EKU (im Gegensatz zur EKD) aus ihrem Verständnis heraus eine Kirche und kein lockerer Kirchenbund ist. In einem "Kirchengesetz über die Organe und Dienststellen der EKU" vom 23.4./8.5.1972 wurde aber eine starke Regionalisierung auf den Gebieten Synode, Leitung und Verwaltung vorgesehen. (30)

---

(28)   Vgl. R. Henkys (Hrsg.), Bund der Ev. Kirchen in der DDR, a.a.O. S.127.
(29)   Vortrag A. Schönherr anläßlich eines Seminars für Kirchengeschichte an der Humboldt-Universität Berlin am 8.6.1990 (unveröffentlicht).
(30)   Vgl. H. Dähn, a.a.O. S.104f.

Veto: Der Prozeß des weiteren Zusammenwachsens der evangelischen Kirchen in der DDR machte zwar Ende der siebziger Jahre Fortschritte, konnte dann aber durch das Veto der Synodalen der Berlin-Brandenburgischen Kirche (Ostregion) nicht zu einer "Vereinigten Kirche in der DDR" (Evangelische Kirche der DDR) gebracht werden. Sie sahen die Gefahr, daß diese vereinigte Kirche nur unverbindlich auf Barmen orientiert wäre, die Rolle der EKU unbestimmt sei und einzelne Gliedkirchen eine Majorisierung erfahren würden. So bestanden dann bis zur Wende in der DDR nebeneinander der Bund, die EKU und die VELK. Überschneidungen in den Kompetenzen oder Doppelarbeiten waren an der Tagesordnung. Gleichzeitig wurde aber auch eine stärkere Manipulierung der Kirchen durch den Staat verhindert. (31)

3.3.2. Kirche im Sozialismus

Eisenacher Tagung: Der Thüringer Landesbischof Mitzenheim verwendetet bereits Anfang 1968 den Begriff "Kirche im Sozialismus". Eine inhaltliche Präzisierung dieses Begriffes und der Synodenaussage von 1970 „.... der Bund wird sich als Zeugnis und Dienstgemeinschaft von Kirchen in der sozialistischen Gesellschaft der DDR bewähren müssen" erfolgte dann auf der Eisenacher Tagung der Bundessynode im Juli 1971 mit der einprägsamen Formel: "Wir wollen Kirche nicht neben, nicht gegen, sondern Kirche im Sozialismus sein".

---

(31) Vgl. Überlegungen zur Delegiertenversammlung in Eisenach vom 25.-28. Januar1979, Pkt.4.1. In: Kirche als Lerngemeinschaft, a.a.O. S.52. In einer Vereinigten Kirche wären auch die West-Geldfragen problematisch geworden.
Da die Kirche in Berlin-Brandenburg mit ihrer Ost- und Westregion in einer besonderen Situation war, fürchteten viele Brandenburger, daß sie bei der Verteilung der Westgelder zu kurz kommen würden.

Diese Umschreibung des kirchlichen Selbstverständnisses stieß Anfangs auf Widerstände, wurde dann aber unter Vorbehalt von den meisten Christen als Orts- und Auftragsbestimmung toleriert. (32)

Koexistenzformel: Der BEK hat sich seit seiner Gründung in einem innerkirchlichen Lernprozeß bemüht, sein Selbstverständnis innerhalb des real existierenden Sozialismus zu finden. 1973 wurde dann vor der Synode die Aussage getroffen: "Kirche im Sozialismus wäre die Kirche, die dem christlichen Bürger und der einzelnen Gemeinde hilft, daß sie einen Weg in der sozialistischen Gesellschaft in der Freiheit und Bindung des Glaubens finden und bemüht sind, das Beste für alle und für das Ganze zu suchen."(33) Kritik an den bestehenden Verhältnissen der Gesellschaft wurde jedoch lediglich als eine Möglichkeit zur "Inanfragestellung zu Problemen und Nöte" verstanden, niemals aber als eine den Status quo oder die Machtfrage verändernde Tathandlung bezeichnet. (34)

---

(32) Bericht der KKL vor der Synode des Bundes im Mai 1973. In: Kirche als Lerngemeinschaft, a.a.O. S.185.
Vgl. auch H-J. Röder, a.a.O. S.70f. Landesbischof Rathke aus Schwerin kam auf der Bundessynode im Juli 1971 in Eisenach zu folgender Überlegung:
"Es wird von uns (Christen) erwartet, 'unseren Glauben auf neue, auch für die Gesellschaft bedeutsame Weise Ausdruck zu geben'. Damit sind wir nicht nur vor die großen Probleme der Welt wie Krieg, Unterdrückung, Hunger und Armut gestellt; wir haben auch zu bedenken, ob unser christliches Engagement etwa damit ausgesprochen ist, daß wir uns 'im Sozialismus heimisch fühlen'."
H. Rathke: Kirche für andere - Zeugnis und Dienst der Gemeinde. In: Kirche als Lerngemeinschaft, a.a.O. S.173.
(33) Bericht der KKL vor der Synode des Bundes im Mai 1973. In: Kirche als Lerngemeinschaft, a.a.O. S.185.
(34) Ebd. S.186. „... wer Gottes Willen ernst nimmt, muß wach sein für sein Gebot und kann nicht verschweigen, was ihm im Nachdenken vor Gott klargeworden ist."

Auf der Synode des Bundes im Mai 1977 in Görlitz wurde der Begriff "Kirche im Sozialismus" noch einmal begründet und reflektiert. "Für unser Verhältnis als Kirche zum Staat benötigen wir allgemein anerkannte Koexistenzformeln ...„ (35) Die Wirtschafts- und Sozialpolitik des real existierenden Sozialismus wurde gelobt. Der bisher eingeschlagenen Weg, als Kirche im Sozialismus an dem Aufbau der sozialistischen Gesellschaft teilzunehmen, weil sie gegenüber anderen Gesellschaftsordnungen eine 'gerechtere' war, wurde für richtig befunden. (36)

Entfremdung: Gleichberechtigt und gleichgeachtet waren aber nur die führenden Persönlichkeiten von Staat und Kirche. Meinungsbildung und Einflußnahme auf die Entwicklung der Kirche im Sozialismus mit Hilfe der Christen vor Ort wurde zu Gunsten einer Geheimdiplomatie der Kirchenleitungen gering geschätzt. Die Kirchenleitungen begründeten das so: "Die Konferenz der Kirchenleitungen hat es darum meist für den besonderen, weil hilfreicheren Weg gehalten, Gespräche zu führen als öffentliche Erklärungen abzugeben, die mit Sicherheit in die Mühle der politischen Auseinandersetzungen geraten."(37)

Pfarrer Brüsewitz: Diese Kirchenpolitik, die schon bei der Gründung des Bundes sichtbar wurde, führte dann zu Spannungen innerhalb der Kirche. Die Selbstverbrennung von Pfarrer Oskar Brüsewitz am 18.8.1976 machte auf der Ebene Pfarrer-Kirchenleitung Probleme deutlich, die ähnlich auch die Gemeindeglieder belasteten. Kritischen Anfragen seitens der kirchlichen Basis wurde wenig Gehör geschenkt. Die Kommunikation zwischen Leitungsebene und Gemeinde war oftmals gestört. Beson

---

(35) Bericht der KKL vor der Synode des Bundes im Mai 1977 in Görlitz. In: Kirche als Lerngemeinschaft, a.a.O. S.206.

(36) Vgl. H. Dähn, a.a.O. S.107.

(37) Bericht der KKL vor der Synode des Bundes im Mai 1977 in Görlitz. In: Kirche als Lerngemeinschaft, a.a.O. S.211.

ders politische Entscheidungen wollten die Kirchenleitungen nicht delegieren. (38)

An 11.09.76 zeigte die Konferenz der Kirchenleitung ihre Betroffenheit und benannte die zwei Grundprobleme, die die Christen in einer "Kirche des Sozialismus" belasteten:

1. resignierende Diasporasituation
2. Entfremdung von der Amtskirche

"Durch die Tat von Bruder Brüsewitz sind unüberhörbare Fragen laut geworden, die unter uns nicht ausgetragen worden sind. Viele Pfarrer, Mitarbeiter und Gemeindeglieder leiden unter dem Kleinerwerden der Gemeinden, unter Gleichgültigkeit und mangelndem Mut. Wir haben immer noch nicht genügend Klarheit gefunden für das politische Zeugnis der Kirche und jedes einzelnen Christen in unserer Umwelt. Viele empfinden einen tiefen Graben zwischen den Entscheidungen und Erklärungen der Kirchenleitungen und dem, was die Gemeinde wirklich braucht. Wir haben noch nicht gelernt, füreinander durchschaubar zu handeln und zu reden." (39)

---

(38)   Vgl. H. Dähn, a.a.O. S.201.

(39)   KKL Bericht vom 11.09.1976. In: D. Linke, a.a.O. S.113. Vgl. auch Mitteilungsblatt des Bundes vom 16.10.87, S.3. und G. Krusche: Das prophetische Wächteramt. In: H. Knabe (Hrsg.), Aufbruch in eine andere DDR. Reinbek 1989, S.105f. Der Generalsuperintendent aus Ost-Berlin, G. Krusche, stellte Ende 1989 immer noch dieselbe Diagnose: „... bereits in den krisenhaften Situationen der letzten Jahre (hier untertreibt er maßlos. P.Z.) zeichnete sich ein Grundproblem unserer Kirche ab: Die Kommunikation innerhalb der Kirche ist gestört, teils Folge der Überständigkeit der aus der Vergangenheit stammenden Kirchenstrukturen, teils Ergebnis des Pluralismus, der in einer modernen Industriegesellschaft unvermeidlich ist. Die Partizipation, welche die Kirche nach außen zur Forderung erhob, ist oft innerhalb der Kirchenstrukturen nicht zu finden. Spannungen, Mißverständnisse und Intoleranz sind die Folge der ungenügenden Kommunikation zwischen Basis und Leitung, zwischen Pfarrern und Laien, zwischen Männern und Frauen, zwischen Alten und Jungen."

3.3.3. Diaspora

Minderheit: Zwar gibt es in der kirchlichen Entwicklung in den 60er Jahren auch positive Tendenzen, generell kann aber von einem Schrumpfungsprozeß gesprochen werden. In der Beziehung von Taufe und Beerdigung setzt sich der Trend fort, daß die kirchlichen Bestattungen einen zunehmenden Überschuß erreichen. Fast ein Drittel der Bevölkerung bekannte sich zu keiner der bestehenden Religionsgemeinschaften.

Die Evangelische Kirche war vom Rückgang der Mitgliederzahlen besonders betroffen. Sie verlor nach und nach ihre volkskirchlichen Strukturen. Konfessionslosigkeit wurde als Normalzustand betrachtet. War in den Großstädten die 50-Prozent-Marke bereits Anfang der 60er Jahre erreicht, so folgten die ländlichen Gebiete von Ausnahmen abgesehen bis Ende der 70er Jahre nach. Die Schwelle zur Minderheitenkirche war damit überschritten. (40)

Statistik: Im Gebiet der Ev. -Luth. Landeskirche Sachsen liegen folgende Zahlen über die prozentuale Kirchenzugehörigkeit und Kirchenaustritte vor:

Jahr	Kirchen-mitglieder	Kirchen-austritte
1946	83,5%	6.000
1950	81,4%	27.000
1958	-	100.000
1960	70,7%	53.000
1970	55,6%	21.000
1972	52,9%	20.000
1974	50,2%	21.000
1976	47,7%	15.000

(40) Zahlenmaterial aus: W. Büscher: Unterwegs zur Minderheit - Eine Auswertung Konfessionsstatistischer Daten, in: R. Henkys (Hrg): Die ev. Kirche in der DDR, a.a.O. S.426.

Doppelleben: "Die nachhaltige Verkrampfung in den Beziehungen zwischen Kirche und Staat sowie das tiefe Mißtrauen gegenüber allem, was in der DDR unter sozialistischem oder marxistisch-leninistischem Vorzeichen geschah, haben die kirchliche Situation gegen Ende der sechziger Jahre maßgeblich bestimmt. Die Mehrheit der Gemeinden hatte sich zwar mit der Situation abgefunden, sie innerlich aber nicht angenommen." (41) Christen wie Nichtchristen praktizierten überwiegend das allgemeingültige Doppelleben, das schizophren eine Grenze zog zwischen gesellschaftlichem und privatem Leben, Das Christsein stand somit in der Gefahr noch nachhaltiger zu privatisieren.

Kirchenghetto: Gleichzeitig entwickelten sich aber auch christliche Gemeindekreise und Gruppen, die diese schizophrene Gesellschaftsstruktur in einem kirchlichem Freiraum kompensieren wollten. "So war der kirchliche Freiraum eine neue Art Ghetto, in dem zwar eine andere Denkart und Gesinnung toleriert wurde, aber strikt an den Außenmauern zu beenden war. Die depotenzierende Ventilfunktion dieser Praxis hat lange Zeit das anwachsende Unruhe- und Protestpotential gedämpft und der Auseinandersetzung in der Gesellschaft entzogen." (42)

Gesundschrumpfen: Im Jahre 1973 hat Johannes Hempel eine typische Argumentation vorgelegt, die gleichzeitig neben der Problembenennung auch in der Gefahr stand, einer theologischen Festschreibung und Legitimierung der Diasporasituation Vorschub zu leisten:

1. Wir werden kleiner.

2. Die Wahrheit ist, daß im Kleinerwerden eine
von Gott gesetzte Chance liegt.

---

(41) H-J. Röder: Kirche im Sozialismus. In: R. Henkys (Hrg): Die ev. Kirche in der DDR, a.a.O. S.69.

(42) H.-J. Maaz, a.a.O. 5.50.

3. Kleinerwerden heißt, sich konzentrieren können !" (43)

Der in der ganzen DDR zu beobachtende volkskirchliche Schwund hatte aber nicht nur eine quantitative Dimension, sondern auch eine qualitative Komponente. "Die Predigt, das Wort Gottes, fand bei vielen Menschen in der säkularisierten Gesellschaft kein Echo mehr - augenscheinlich, weil sie keine adäquaten Antworten auf drängende Fragen zu geben vermochte; der Rat der Kirche ist nicht mehr gefragt, insbesondere der seelsorgerliche Rat des Gemeindepfarrers wird nicht mehr erbeten. Es wird von der Kirche 'weithin keine echte Hilfe' erwartet." (44)

3.4.1. Kirche und Gesellschaft

Ökumene: Mitte der 60er Jahre setzte eine allgemeine Veränderung des theologischen Bewußtsein ein. Spätestens seit der ökumenischen Weltkonferenz für Kirche und Gesellschaft im Sommer 1966 in Genf führte das Problem des weltverändernden

---

(43) Diaspora - Zum gegenwärtigen Gebrauch des Begriffes In: Kirche als Lerngemeinschaft, a.a.O. S.196. Vgl. auch Generalsuperintendent Günter Bransch aus Potsdam: "Umstritten ist die Frage, ob man diesen Prozeß als 'Gesundschrumpfung' bezeichnen kann, also als Vorgang, bei dem der Verlust an Quantität durch einen Zugewinn an Qualität ausgeglichen wird. Wenn dies als automatischer Vorgang gedacht ist, dann ist dies sicher zu einfach. Wie viele Wandlungsprozesse, so verläuft auch dieser ambivalent und bringt Verluste. Die Kirchen werden es hinnehmen müssen, daß nicht alle Kirchengemeinden, nicht alle kirchlichen Gebäude, nicht alle hauptamtlichen Planstellen, nicht alle Aktivitäten erhalten bleiben können, sondern deutliche Abstriche gemacht werden müssen." G. Bransch: Kirche auf dem Wege. Perspektiven der ev. Kirche in der sozialistischen Gesellschaft - Versuch einer Einschätzung. Berlin/DDR 1987, S.12.
(44) H. Dähn, a.a.O. S.88.

Handelns der Christen zum radikalen Themenwechsel auch in der deutschen Theologie. Die Diskussion um Bonhoeffers Werk hatte zwar die Problematik der Verkündigung in einer religionslosen Welt entfaltet, aber keine klaren Umrisse oder zwingende Konsequenzen aufgezeigt. Die Entwicklung der ökumenischen Bewegung brachte nun aus Übersee eine neue theologische und kirchliche Dimension nach Europa (Theologie der Revolution; Theologie der Befreiung). (45)

Befreiungstheologie: "Was dem Thema 'Kirche und Gesellschaft' im ökumenischen wie im nationalen Rahmen seine Ausstrahlungskraft verlieh, war wohl vor allem dreierlei:

1. es war zum einen das Gefühl, hier einen Ansatzpunkt für die Überwindung einer zunehmenden Stagnation gefunden zu haben, der Zusammenklang mit der Botschaft des Evangeliums von der revolutionären Veränderung der Welt;

2. es war zum andern die Wiederentdeckung von 'arm' und 'reich' als einer ganz ursprünglichen biblischen Thematik;

3. und es war schließlich die Frage nach der praktischen Wahrheit des Christentums, die sich angesichts so schreiender Ungerechtigkeit in aller Welt neu erweisen sollte und mußte." (46)

Der Christ erkennt die Endlichkeit menschlicher Systeme, ihre Überholbarkeit und Ambivalenz. In Genf wird 1966 formuliert: "Der Christ ist darum gerufen, ein radikales Nein zu den Machtstrukturen zu sprechen, die den Status quo verlängern und um den Preis der Ungerechtigkeit gegenüber seinen Opfern stärken. Er muß darum auch entsprechend handeln. Es ist besonders seine Aufgabe, sich um einen wirksamen sozialen Wandel

---

(45) Vgl. K. Scholder: Die evangelische Theologie und Kirche nach dem Kriege. In: Ökumenische Kirchengeschichte Bd. III, a.a.O. S.309.
(46) Ebd. S.310.

zu bemühen und in dem Protest der Armen und Unterdrückten die hier wirkende relative Gerechtigkeit zu erkennen." (47)

Antirassismus: Der Bund der Ev. Kirchen und seine Gliedkirchen gehörten seit 1971 als gleichberechtigte eigenständige Mitglieder dem Ökumenischen Rat der Kirchen an. In der Mitverantwortung für Frieden und soziale Gerechtigkeit wurden dann aber lediglich Themen aufgegriffen, die auch der DDR-Regierung in ihr moralisches und politisches Konzept paßten (Antirassismusprogramm, Solidarität mit Vietnam und Chile, Friedensverantwortung). Dadurch sollten neue Konflikte zwischen Staat und Kirche vermieden werden.

Konsequenzen aus den theologischen Fragestellungen und Problemlösungen für Veränderungen in einer sozialistischen Gesellschaft wurden kaum gezogen. Zur Frage von Rassismus und Christentum haben die Kirchenleitungen dann Stellung genommen. Ihre Äußerungen waren eine Verlagerung der eigenen Probleme nach außen, charakterisieren die Schwierigkeiten der DDR-Kirchen aber am besten: "In der christlichen Tradition wurde Konfliktbewältigung nur zu häufig als Verdrängung von Konflikten praktiziert. Mit der Ermahnung zu Geduld und Duldsamkeit, mit der Forderung eines undifferenzierten Gehorsams und der vorschnellen Verurteilung allen aktiven Widerstandes wurden reale Konflikte oft belanglos gemacht. Aber Beschwichtigungen können Konflikte nicht beseitigen, lassen sie häufig ethisch illegitim erscheinen und verhindern damit ihre angemessene Bewältigung." (48)

---

(47) Günter Krusche: Bekenntnis und Weltverantwortung. Berlin/DDR 1986, S.47.

(48) Votum der Konferenz der Ev. Kirchenleitungen in der DDR vom 6./7. Juli 1979 zur Frage der Gewaltanwendung im Kampf gegen den Rassismus im südlichen Afrika. In: Kirche als Lerngemeinschaft, a.a.O. S.233.

3.4.2. Zwei-Reiche-Lehre

Obrigkeit: Das Verhältnis von Kirche und Staat war in den fünfziger Jahren verstärkt in der theologischen Diskussion problematisiert worden. Das weltverändernde Handeln der Christen kam dann in den sechziger Jahren durch die ökumenische Bewegung erneut auf die Tagesordnung der Theologie. Es stellten sich die Fragen, inwiefern Regierungen überhaupt als Obrigkeit betrachtet werden können, inwiefern können dann Befreiungsbewegungen als Erfüller der Rolle von Obrigkeit angesehen werden und welchen Anteil haben in einer pluralistischen Gesellschaft die einzelnen gesellschaftlichen Kräfte an den im Neuen Testament beschriebenen Funktionen von Obrigkeit? (49) Die Rolle der Kirchen in Bezug auf gesellschaftliche Auseinandersetzungen mußte definiert werden, um Kirchengemeinschaft zu festigen oder zu ermöglichen. Die Lage von Theologie und Kirche, sowohl in Ost als auch in West, war gekennzeichnet durch Unsicherheiten und gegensätzliche Antworten. (50)

Denkmodelle: In einer Lehrgesprächskommission der EKU (Bereich DDR) und der VELK DDR befaßte man sich seit 1976, ausgehend von den Empfehlungen der Leuenberger Konkordie, mit den theologischen Denkmodellen der Zwei-Reiche-Lehre und der Lehre von der Königsherrschaft Christi. Kontroversen in der Wahrnahme gesellschaftlicher Verantwortung sollten unter den besonderen Bedingungen der DDR- Gesellschaft aufgezeigt und bereinigt werden, um den Einigungsprozeß zu einer DDR-Kirche voranzubringen. (51)

---

(49) Vgl. J. Rogge/ H. Zeddies (Hrsg.): Kirchengemeinschaft und politische Ethik. Berlin/DDR 1980, S.54.

(50) Vgl. "Was gilt in der Kirche?": ein Votum des Theolog. Ausschusses der Arnoldshainer Konferenz, Neukirchen-Vluyn 1985, S.90.

(51) Vgl. J. Rogge/ H. Zeddies, a.a.O. S.5.

Man befand sich in den Ergebnissen dieser Untersuchungen in großer Übereinstimmung mit theologischen Erkenntnissen innerhalb der EKD.

Königsherrschaft: Es wurde den jeweiligen Synoden der DDR-Landeskirchen empfohlen, die Zwei-Reiche-Lehre und die Lehre von der Königsherrschaft Christi als wechselseitig sich ergänzende und einander korrigierende Interpretationsmodelle für das Handeln der Kirchen und der Christen im politisch-gesellschaftlichen Bereich zu verstehen. Ein gesellschaftlich relevantes Handeln muß aber von einer theologischen Reflexion begleitet sein. "Kirchen und Christen sollten für ihr Handeln im politischen-gesellschaftlichen Bereich die Anliegen und Anregungen beider Denkmodelle berücksichtigen, um die Unterschiede von Welt und Heil nicht zu verwischen, aber auch den Gehorsam der Nachfolge nicht schuldig zu bleiben." (52)

Für die konkrete Situation hieß das, daß dem Christen die Mitarbeit in den Bereichen geboten ist, wo der Sozialismus zur Verwirklichung von Frieden, Recht und Humanität in der Gesellschaft führt.

3.4.3. Zehn Artikel

Dialektik: Die Konferenz der Kirchenleitungen verabschiedete im März 1963 auf dem Hintergrund der durch den Mauerbau neu entstandenen Lage die "Zehn Artikel über Freiheit und Dienst der Kirche", mit denen sie die Christen aufforderte, die sozialistische Gesellschaft als den Ort für Zeugnis und Dienst der Kirche anzunehmen. Damit wurde die Diskussion über das Verhältnis von Christ und Gesellschaft, Kirche und Staat wieder aufgenommen, aber nicht sonderlich lebhaft geführt.

---

(52) Ebd. S.41.

Vor einer Verwässerung der christlichen Botschaft wird gewarnt, aber auch gleichzeitig die gesellschaftliche Mitverantwortung bejaht. Es erfolgte eine behutsame und dialektische Öffnung zur sozialistischen Gesellschaft. "In der Freiheit unseres Glaubens dürfen wir nicht von vornherein darauf verzichten, in der sozialistischen Gesellschaftsordnung zu unterscheiden zwischen dem gebotenen Dienst an der Erhaltung des Lebens und der gebotenen Verweigerung der atheistischen Bindung." (53)

Sieben-Sätze: Eine freie Arbeitsgemeinschaft von Theologen aus der Ost- und Westregion der Berlin-Brandenburger Kirche machte mit ihrer vertiefenden Analyse "7 Theologische Sätze - Von der Freiheit der Kirche zum Dienen" kritische Anmerkungen und Abänderungsvorschläge zu den Zehn Artikeln der Kirchenleitungen. Die Frage nach einer christlichen Kooperation mit der sozialistischen Gesellschaft wurde hier nachdrücklicher behandelt. Der damalige Generalsuperintendent und spätere Bischof A. Schönherr war Mitglied des Leiterkreises des Weißenseer Arbeitskreises und hat dann wesentliche Ansätze dieser theologischen Begründung für eine "Kirche im Sozialismus" weitergeführt. (54)

Politikersatz: Die Spannungen zwischen den "Zehn Artikeln" und den "Sieben theologischen Sätzen" rührten hauptsächlich aus einer unterschiedlichen politischen und theologischen Einschätzung des real existierenden Sozialismus her. Es wurde somit gleichzeitig eine durch theologische Formeln verdeckte politische Diskussion über die gesellschaftlichen Verhältnisse der DDR geführt.

---

(53) "Zehn Artikel über Freiheit und Dienst der Kirche", Art. II "Das Leben im Glauben und Gehorsam". In: Kjb 1963, S.181-185, hier S.182.

(54) Vgl. H. Dähn, a.a.O. S.91f.

3.4.4. Zeugnis und Dienst

Der Begriff Zeugnis- und Dienstgemeinschaft wurde bereits in der Ordnung des Bundes vom 10.6.1969 verankert. "Der Bund als ein Zusammenschluß von bekenntnisbestimmten und rechtlich selbständigen Gliedkirchen strebt an, in der Einheit und Gemeinsamkeit des christlichen Zeugnisses und Dienstes gemäß dem Auftrag des Herrn Christus zusammenzuwachsen." (55) Damit soll die Überzeugung ausgedrückt werden, daß die Kirche ihren Wert nicht in sich selbst hat.

Kirche für andere: Theologisch wird dabei hauptsächlich an Dietrich Bonhoeffer angeknüpft, der das Thema 'Kirche für andere' christologisch begründet und entfaltet hat. "Unser Verhältnis zu Gott ist kein 'religiöses' zu einem denkbar höchsten, mächtigsten, besten Wesen, sondern unser Verhältnis zu Gott ist eine neues Leben im 'Dasein für andere', in der Teilnahme am Sein Jesu. Nicht die unendlichen, unerreichbaren Aufgaben, sondern der jeweils gegebene erreichbare Nächste ist das Transzendente" (56)

Schon auf der 3. Vollversammlung des Ökumenischen Rates der Kirchen 1961 in Neu-Dehli wurde formuliert: "Christus ist der Weg, und darum müssen wir miteinander gehen, ihn zu bezeugen und allen Menschen zu dienen". (57) Der konkrete Ort dieser Zeugnis- und Dienstgemeinschaft lag dann nicht neben, oder gar gegen, sondern in der sozialistischen Gesellschaft der DDR.

---

(55) A. Schönherr: Zeugnis- und Dienstgemeinschaft. In: Theologischem Lexikon, Berlin/DDR 1978 (1), S.427.
(56) Ebd.
(57) Ebd.

3.4.5. Lerngemeinschaft

Gemeindearbeit: Für die konkrete Gemeindearbeit wurde der Begriff Zeugnis- und Dienstgemeinschaft mit dem Begriff der Lerngemeinschaft charakterisiert. Nicht nur die kirchliche Unterweisung, das konfirmierende Handeln, einschließlich der Lernaufgaben in der Jugendarbeit, sondern auch die gesamte Gemeinde wurde als Gemeinschaft der Lernenden in diesen Begriff eingeschlossen. (58)   Auf mehreren Bundessynoden wurden dann in den siebziger Jahren die inhaltlichen Aufgaben der Kirche als Lerngemeinschaft beschrieben.

1973 Konfirmierendes Handeln
1974 Kirche und Lernen (Gemeindeseminare)
1975 Ausbildungskonzeption
1976 Informationsproblematik

Wissenschaftlichkeit: Die Kirche als Gemeinschaft von Lernenden sollte die Erfahrungen und Erkenntnisse des Glaubens und die Einsichten der verschiedenen Wissenschaften vom Menschen (Pädagogik, Psychologie, Soziologie) fruchtbar aufeinander beziehen. Die Ergebnisse eines gemeinsamen Lernens müßten dann auch Einfluß auf kirchliche Ordnungen und Einrichtungen gewinnen, um so die Gruppenbeziehungen in der Gemeinde effektiver zu gestalten. Grundlage für diese Überlegungen war die ideologische Diasporasituation der DDR-Gemeinden, die gekennzeichnet war durch allgemeine Säkularisierungsprozesse, unnütz empfundene Gottesdienste, fehlende Privilegien und atheistische Propaganda. (59)

---

(58) Vgl. Kirche als Lerngemeinschaft, a.a.O. S.71.
(59) Vgl. Werner Krusche: Die große Aufgabe der kleiner werdenden Gemeinde. In: Kirche als Lerngemeinschaft, a.a.O. S.127.

Teil IV (1978 - 1990) Wende

4.1.1. Kontinuität und Stagnation

Souveränität: Seit der Unterzeichnung der KSZE-Schluß-akte in Helsinki und der allgemeinen Anerkennung der DDR als ein souveräner Staat hat sich die innen- und außenpolitische Lage kontinuierlich harmonisiert. Durch vielfältige Abkommen und Handelsverträge erweist sich die DDR als ein zuverlässiger Partner und Staat. Bis 1987 setzt sich die innenpolitische Entwicklung ohne tiefgreifende Veränderungen fort. (1)

Im Zusammenhang mit dem Doppelbeschluß über die Aufstellung der Pershing II und Cruise missiles in Westeuropa und den Aufrüstungsmaßnahmen des Warschauer Paktes gibt es zwar zeitweilige Spannungen, jedoch betreffen sie das gesellschaftliche System der DDR nicht direkt und haben somit keine Auswirkung auf dessen Stabilität.

Perestroika: Dagegen wirkten die Veränderungen in der Sowjetunion mit der Machtergreifung Gorbatschows und der Einleitung der Perestroika folgenschwer auf die DDR-Politik ein. Die Propagandaparole "Von der Sowjetunion lernen, heißt siegen lernen", mit der über Jahre hinweg die DDR-Bürger manipuliert wurden, erwies sich nun als ein Bumerang. Die Regierung Honecker war nicht bereit, die veränderten politischen Realitäten anzuerkennen und für die DDR theoretische oder gar praktische Schlußfolgerungen zu ziehen. Sie hoffte bis zuletzt, daß der sowjetische Reformprozeß zusammenbrechen würde und die alten stalinistischen Strukturen sich in der DDR behaupten können. Die Sozialpolitik avancierte dann zum Kernstück

---

(1)   Vgl. K. Lau, a.a.O. S.22.

eines "Sozialismus in den Farben der DDR" und wurde gegen den Verfall realsozialistischer Prinzipien im Ostblock propagiert. (2)

4.1.2. Ökonomie

Mangelwirtschaft: Ende der siebziger Jahre spitzten sich die permanenten Versorgungsschwierigkeiten der Bevölkerung zu. Der beginnende Unmut kam jedoch nicht zum unkontrollierten Ausbruch. Die zeitgleiche Entwicklung in Polen mit dem dort folgenden Generalstreik der polnischen Arbeiter und der Ausrufung des Kriegsrechts bewirkten durch Einschüchterung eine abwartende Haltung in der DDR.

Der Honecker Regierung gelang es dann, die ökonomische Stabilität wiederherzustellen. Zahlreiche Handelsabkommen und Kreditverträge ermöglichten es, die desolaten Wirtschaftsverhältnisse zu verschleiern (Inflationsrate vor der Wende 12%). (3)   Die Politbürokratie entwickelte mittlerweile beachtliche Fähigkeiten, ihre größten Fehlplanungen in Planungserfolge umzudeuten (z.B. Wohnungsbau, Erziehungswesen, Energiewirtschaft), oder Mängel als Errungenschaften zu bezeichnen (soziale Absicherungen, Gesundheitswesen). (4)

_____

(2)   Vgl. W. Süß: Revolution und Öffentlichkeit in der DDR. In: Deutschland Archiv Nr.6/1990 S.907-921. Zur Krise der Legitimation des politischen Systems vgl. S.909. „... der schleichende Verfall hätte sich auch noch einige Jahre fortsetzen können, hätte es nicht den Auslöser der Öffnung der ungarischen Grenze gegeben.
Die Frage nach den Ursachen der Fluchtwelle machte nach und nach die gesamte Verfaßtheit des DDR Systems zum Gegenstand einer Debatte." a.a.O. S.910.
(3)   Vgl. DDR, Fischer Weltalmanach (Sonderband), S.26.
(4)   Vgl. Rolf Henrich, a.a.O. S.136.

Lebensstandard: Das Versagen des real existierenden Sozialismus blieb deshalb vielen Menschen verborgen, zumal die DDR gegenüber den östlichen Nachbarn wirtschaftlich noch immer gut abschnitt. Nur durch den Vergleich mit dem Lebensstandard in der Bundesrepublik, besonders nach der Lockerung der Reiseregelungen ab 1987, wurde den meisten DDR-Bürgern deutlich, daß die soziale Marktwirtschaft ihren Wünschen mehr entsprechen würde, als die sozialistischen Produktionsverhältnisse es je könnten. Die sozialen Spannungen, die aus dieser Erkenntnis erwuchsen, fanden seit 1987, nun nicht wie in Polen in einer Oppositionsbewegung, sondern in einem rasanten Anstieg der Ausreiseanträge ihren Niederschlag. (5)

4.1.3. Staatssicherheit

Schild-und-Schwert: Mit der Person Erich Mielkes und dem Ministerium für Staatssicherheit, dessen Minister er seit 1957 war, verbindet sich ein wesentlicher Teil der DDR-Geschichte. Unter Leitung dieses Sicherheitsapparates, der einen enormen Material- und Personalaufwand betrieb, sind die gesamte Gesellschaft verwaltet und die Bürger entmündigt worden. Als "Schild und Schwert der Partei" entwickelte die Stasi ein Macht- und Überwachungssystem, das in der Geschichte ohne Beispiel ist. (6)

---

(5)   5 Vgl. Voigt/ Belitz/ Meck: Die innerdeutsche Wanderung und der Vereinigungsprozeß. Soziodemographische Struktur und Einstellung von Flüchtlingen/ Übersiedlern aus der DDR vor und nach der Grenzöffnung. In: Deutschlandarchiv Nr.5/1990 S.732-746.

(6)   Zeitweise wurde sogar von 500000 inoffiziellen Mitarbeitern ausgegangen. Vgl. "Das am besten organisierte Geheimdienstsystem der Welt - Diestel legt Bilanz zur Auflösung des Staatssicherheitsdienstes vor" In: "Tagesspiegel" vom 8.9.90, S.5.

Das Ministerium für Staatssicherheit war die Sicherheitszentrale der SED. Es sicherte also nicht den Staat, sondern die Diktatur dieser Partei. Ohne parlamentarische Kontrolle war es in allen gesellschaftlichen Bereichen und natürlich auch in der Kirche vertreten. Jeder Bürger wurde letztendlich als potentielles Sicherheitsrisiko betrachtet. Unter der Devise 'Sicherheit geht vor Recht' war der Willkür und dem psychologischen Terror die Legitimität erteilt. (7)

Herrschaft der Apparate: Infolge der wachsenden Sicherheitshysterie der SED-Führung Mitte der achtziger Jahre wurde eine totale flächendeckende Überwachungsarbeit angestrebt. Die Staatssicherheit war noch vor der Volksarmee zum größten Arbeitgeber im Lande geworden. Mit 85000 festangestellten und wenigstens 109000 inoffiziellen Mitarbeitern (Schätzungen behaupten das zehnfache), mit einem riesigen Waffenarsenal für einen Bürgerkrieg und mit einem Datenmaterial, das ein Drittel der Bürger erfaßte, avancierte sie sich zum Staat im Staate.

Zum Schluß kam es der Stasi gar nicht mehr darauf an, 'politisch negative Personen' zu observieren und auszuschalten, sondern es ging ihr lediglich darum, durch offensichtliche und allgegenwärtige Präsenz Angst zu verbreiten. (8)

Diese permanente Angst vor dem totalen Staat verwischte die Grenze zwischen Täter und Opfer. Es entwickelte sich ein unauflösliches System von Abhängigkeiten, eine Art Komplizen

---

(7)   Der wirksamste Vollstrecker der Willkürherrschaft war die Justiz. Im politischen Strafrecht wurde die Rechtsstaatlichkeit aufgehoben. "Mit der ideologischen Phrase vom 'Klassenkampf', der höher gestellt wurde als das Recht, konnte fortan jedes real verübte juristische Unrecht 'legitimiert' werden." H.-J.Maaz, a.a.0. S.23.

(8)   "Die Macht der Stasi beruhte auf Angst ... latente Angst. Darunter versteht die Psychotherapie einen unbewußten seelischen Spannungszustand, der aus unbefriedigten Grundbedürfnissen und verbotenen Gefühlen besteht." H.-J.Maaz, a.a.0. S.19.

schaft. in der jeder DDR-Bürger verstrickt und gefangen war. Es entstand die Herrschaft der Apparate. (9) "Für das Volk der DDR war mehr noch als das Wissen um die reale Macht der Stasi die paranoide Phantasie ihres Einflusses von Bedeutung. Die Stasi galt als eine unangreifbare Übermacht, jeder durchschnittliche Bürger zeigte Scheu vor dieser Organisation." (10)

Unterwanderung der Kirchen: Auf diesem Hintergrund haben viele Entscheidungen innerhalb der Kirchen und bezüglich der Kirchen, nicht nur politische sondern auch psychologische Aspekte. (11) Zudem muß man davon ausgehen, daß kirchliche Institutionen und die gesamte kirchliche Arbeit in den letzten beiden Jahrzehnten mit Mitarbeitern der Stasi durchsetzt werden konnten. Die kirchliche Entwicklung wurde somit i m m e r von der Staatssicherheit beeinflußt und oftmals sogar direkt von ihr gesteuert. (12)

---

(9) Vgl. Nachrichtenmagazin "Der Spiegel" Nr.6/1990 S.50.

(10) H.-J.Maaz, a.a.0. S.23.

(11) Zur psychischen Ghettofunktion der Kirche vgl. ebd.S.49f u. S.242.

(12) Vgl. A.Mitter (Hrsg.): Ich liebe euch doch alle - Befehle und Lageberichte des MfS. Berlin/DDR 1990, S.21f. Die ersten Akten, die in der Staatssicherheitszentrale vernichtet wurden, waren die Akten über die Observierungen der Kirchen. Als nach dem Sturm der Bürgerbewegung auf die Berliner Zentrale am 15.1.90 die Bürgerkomitees zur Auflösung der Stasi ihre Arbeit aufnahmen, fanden sie in der Hauptabteilung XX Bereich Kirche nur leere Regale vor. Oberkonsistorialrat Schröter, der als Stellvertreter von Bischof Forck Beauftragter für die Auflösung der Stasizentrale war, ließ am 4.4.90 verlauten, daß in den Kirchenleitungen nach biblischen Muster unter Zwölfen immer der Eine gesehen wurde, der im Dienst der Staatssicherheit stand. Die Kirchenleitungen und Konsistorien wurden bespitzelt, mit Wanzen angezapft und ihre Entscheidungen und Beschlüsse waren für die Stasi nie ein Geheimnis gewesen. Selbst ganz interne Dinge konnten nicht abgesichert werden. Symptomatisch ist die Person des Rechtsanwalts Schnur. Als Vertrauter und Beauftragter der Kirchen hatte er lange Jahre in politisch heiklen Missionen gearbeitet. Als er sich als wichtiger

Ihr zu Diensten waren besonders Kreise der CDU, der CFK, der Weißenseer Arbeitskreis, der Gossner Mission und der Sächsischen Bruderschaft. Sie wurden von der Stasi unterstützt und langfristig, gezielt gegen solche kirchliche Arbeit eingesetzt, die den von der SED vorgegebenen Rahmen überschritt. (13) Durch theologisieren politischer Sachverhalte und durch politisieren der Theologie sollten sie die Wirksamkeit kirchlicher Gruppen schwächen. (14)

Bündnispolitik: Die Leitungen der Landeskirchen standen unter anhaltendem Druck und konnten sich oftmals den Erpressungen der SED und der Staatssicherheit nicht widersetzen.

Mitarbeiter der Stasi offenbaren mußte, war der Schock bei kirchlichen Mitarbeitern groß. Man fing an zu ahnen, welche Bedeutung die Staatssicherheit innerhalb der Kirchen gespielt haben muß.

"Zwar hatte die Kirche in der ehemaligen DDR entscheidenden Anteil an der friedlichen und demokratischen Revolution, im Miteinander von Kirche und Sozialismus mußte sie aber dem Unrechtstaat manch Zugeständnis machen, das sie heute reut. Einige Pfarrer, Superintendenten und Oberkirchenräte hatten sogar einen Packt mit dem Teufel geschlossen - mit der Stasi. Sie hatten sich als geistliche Agenten beim Geheimdienst verdingt. ... Die Folgen waren, daß wesentliche Beschlüsse der Kirchenleitungen, aber auch Synodenbeschlüsse, zum Teil durch die Staatssicherheit manipuliert wurden. .. .Nach Aussagen eines ehemaligen Führungsoffiziers der Staatssicherheit ... war Bischof Leich von mindestens vier inoffiziellen Mitarbeitern geradezu umstellt." A.Ortt: Stasispitzel im Talar. In: "Panorama" ARD-Fersehen vom 6.11.90.

Erst im November 1990 begannen Kirchenleitungen sich betroffen zu zeigen und die Verstrickungen kirchlicher Mitarbeiter mit der Staatssicherheit zu bedenken. Vgl. "Stasi vergiftet und belastet das Zusammenleben" in "Berliner Sonntagsblatt" vom 25.11.90, S.2. Schnell begann man auch über eine Rehabilitierung der Stasipfarrer nachzudenken. Ihnen sollte vergeben werden (Bischof Forck). Es ergab sich nun bei dieser "Schuldbewältigung" das Paradox, daß Pfarrer die gegen die Staatssicherheit gearbeitet hatten und aus der DDR vertrieben wurden, immer noch mit Berufsverbot belegt waren, und Pfarrer, die für die Stasi gearbeitet hatten de facto rehabilitiert wurden!

(13) Vgl. A.Mitter (Hrsg) a.a.0. S.26 und S.54.

(14) Vgl. a.a.O. S.56.

Darüber kam es zeitweilig (1988), besonders in der Berlin-Brandenburgischen Landeskirche, zu ernsthaften Meinungsverschiedenheiten innerhalb der kirchlichen Leitung. Aber erst nach der Wahlfälschung von 1989 und der blutigen Zerschlagung der chinesischen Demokratiebewegung mußte die Staatssicherheit feststellen, daß sie ihren Einfluß innerhalb der Kirchen nicht mehr kalkulieren konnte. (15)

Das System zeigte die ersten Zersetzungserscheinungen. Die Kirchen wollten die ihr von der Partei zugewiesenen ordnungs- und moralpolitischen Aufgaben nicht mehr erfüllen. Sie begannen, sich langsam aus jahrelang geübter Bündnispolitik zurückzuziehen. (16)

4.1.4. Fluchtbewegung

Übersiedlung: In der DDR konnte man vor allen wichtigen politischen Ereignissen (1953, 1961, 1989) eine ständig wachsende Ausreisebewegung beobachten. Der Unmut über die gesellschaftlichen Verhältnisse fand darin seinen breitesten und stärksten Ausdruck. Somit wurden die Flüchtlinge und Übersiedler, die nichts mehr mit der DDR im Sinn haben wollten, gleichzeitig und ungewollt zu ihrer einflußreichsten Oppositionsbewegung. Sie erwiesen sich als "die eigentlichen Motoren aller gesellschaftlichen Veränderungen in der DDR" (Ministerpräsident H. Modrow). (17)

Der massenhafte und nachhaltige Wunsch nach einer Ausreise führte den Staat und die Identität der übrigen Staatsbürger immer wieder in unlösbare Konflikte. 1953 konnte das Regime

---

(15)   Vgl. a.a.O. S.53.
(16)   Vgl. a.a.O. S.122 und vgl. R.Henrich, a.a.0. S.234.
(17)   Interview mit Ministerpräsident Hans Modrow. In: Nachrichtenmagazin "Der Spiegel" Nr.6/1990 S.29.

noch durch sowjetische Panzer gerettet werden. 1961 wurde mit Hilfe des Warschauer Paktes die Abgrenzung gegenüber dem Westen mit dem Bau der Mauer zementiert. Aber 1989 konnte dem Ausreisedruck nichts mehr entgegengesetzt werden. Das politische und wirtschaftliche System der DDR brach zusammen. (18)

Vertreibung: Mit dem Anwachsen der unabhängigen Friedensbewegung Anfang der achtziger Jahre betrieb die SED in Verbindung mit der Staatssicherheit gegenüber oppositionellen Kräften eine präventive Ausbürgerungspolitik. Durch Angst, Verunsicherung und Isolation sollten kritische Bürger zermürbt und zur Kapitulation vor den Verhältnissen gezwungen werden. Als letzte Maßnahme stand dann der zunehmende Druck zur Ausreise. (19) Diese spezifische Art der Vertreibung ermöglichte es, die sich immer wieder auf bauenden Strukturen innerhalb der Opposition (kirchlichen Gruppen) ohne großes Aufsehen zu zerschlagen. Die präventive Ausbürgerungspolitik erreichte im Jahre 1984 mit der Übersiedlung von 41.000 DDR-Bürgern ihren Höhepunkt.

Massenflucht: Langfristig gesehen erwies sie sich aber als ein nicht wieder gut zu machender Fehler. Die Ausbürgerungspolitik des Staates wandelte sich in den folgenden Jahren zur eigenständigen Ausreisebewegung breiter Bevölkerungsschichten und konnte von der Staatssicherheit nicht mehr unter Kontrolle gehalten werden.

Nachdem im Jahre 1987 vermehrt auch jüngere Menschen besuchsweise in den Westen fahren konnten, erlebte das ideologische System einen für viele Bürger schockierenden Einbruch. Die Angst vor einem "sinnlosen" Leben wurde größer, als die

---

(18) Vgl. H.Knabe (Hrsg): Aufbruch in eine andere DDR. Reinbeck 1989, S.15.
(19) Vgl. Nachrichtenmagazin "Der Spiegel" Nr.6/1990 S.70.

Angst vor dem totalitären Staat. In einem Bericht der Staatssicherheit heißt es: "Seit Inkrafttreten der Reiseverordnung ist eine deutliche Zunahme des aggressiven, fordernden und verleumderischen Verhaltens und Auftretens sowie eine sinkende Hemmschwelle zur Androhung und Durchführung von feindlich negativen Aktivitäten festzustellen." (20)

Im Jahre 1988 wurde dann durch die Genehmigung von 40.000 Ausreiseanträgen versucht, den innenpolitischen Druck abzubauen. Jedoch wurde nur das Gegenteil erreicht. Die sozialen und psychologischen Konflikte innerhalb der DDR-Gesellschaft zwischen denen, die gehen und denen, die bleiben wollten, wuchs ins Unerträgliche. Mit dem Abbau der ungarischen Grenzanlagen am 2.5.1989 setzte eine massenhafte Fluchtwelle ein, die schließlich das Honeckerregime stürzte und am 9. 11.1989 zur Öffnung der Westgrenzen führte. Danach setzten die anhaltenden Übersiedlerzahlen die Politik der beiden deutschen Staaten so unter Druck, daß die Vereinigung nicht mehr aufgehalten werden konnte.

Motive: Die Handlungsmotive für das Verlassen der DDR haben sich "in der Regel im Ergebnis eines längeren Prozesses" (21) herausgebildet und sind starr verfestigt. Die Wahrscheinlichkeit, daß ein Ausreisewilliger seinen Antrag zurücknahm, lag trotz aller Bemühungen der staatlichen Organe nur bei 1%. (22) Die komplexen Ursachen für das Wachsen der Übersiedler zahlen können unter Beachtung der Rangordnung in drei Gruppen eingeteilt werden. Nach der Grenzöffnung überwiegen bei

---

(20) Information über die Lage und Entwicklungstendenzen der ständigen Ausreise von Bürgern der DDR nach der BRD und Westberlin sowie des ungesetzlichen Verlassens der DDR in der Zeit vom 1.Januar bis 30.Juni 1989. (MfS,ZAIG,Nr.3933/89). In: A.Mitter (Hrsg), a.a.0. S.82.

(21) Vgl. A.Mitter (Hrsg), a.a.0. S.141.

(22) Vgl. a.a.0. S.82.

den Übersiedlern Handlungsmotive der dritten Gruppe: (23)

1.) psychologisch/soziologische Gründe (Hospitalismus, Subalternität, Schizophrenie, Resignation)
2.) politisch/historische Gründe (keine Staatsidentität, feudale Obrigkeitsstrukturen, Antikommunismus, Freizügigkeit)
3.) wirtschaftlich/ökonomische Gründe (Vergleich zum Westen - geringer Lebensstandard, Konsum- und Besitzstreben, Karrieredenken)

"Gründe, dieses Land zu verlassen, gab es so viele, wie es Einwohner im 'Ersten Deutschen Arbeiter- und Bauernstaat' gab. Kränkungen und Demütigungen war jeder ausgesetzt, und viele waren in ihrer Existenz real bedroht, gar nicht zu reden von der politischen, religiösen, moralischen und weltanschaulichen Einengung und Verfolgung. Allein der eigenen Identität wegen war es gerechtfertigt, diesem Land den Rücken zu kehren, da ausnahmslos die Würde eines jeden DDR-Bürgers in diesem Gesellschaftssystem beschädigt wurde." (24)

---

(23) Die primären Gründe für eine Übersiedlung werden recht verschieden beurteilt. Statistische Untersuchungen und Umfragen ergeben als Rangfolge: 1. persönliche Unfreiheit 2. politische Bedingungen 3. niedriger Lebensstandard. Die Wünsche nach einem besseren Lebensstandard (Wirtschaftsflüchtlinge) werden oftmals überbewertet. Sie müssen aber aufgrund der von dem Psychoanalytiker H.-J.Maaz aufgestellten Analysen als sekundär eingestuft werden. Vgl. Voigt/Belitz/Meck: Die innerdeutsche Wanderung und der Vereinigungsprozeß. Soziodemographische Struktur und Einstellung von Flüchtlingen/Übersiedlern aus der DDR vor und nach der Grenzöffnung. In: Deutschlandarchiv Nr.5/1990 S.732-746.
(24) H.-J.Maaz, a.a.O. S.129. "Je stärker das System den repressiven Druck anzog, desto mehr Ausreiseanträge kamen als Quittung zurück und desto größer wurde wieder die Repression. Je größer der innere Mangel, desto heftiger wurde der Ausreisegedanke als ein unbewußter Wunsch, vor sich selbst zu entfliehen, und desto größer wurde damit wieder die innere Not." A.a.O. S.129.

Ohnmacht der Kirchen: Die Kirchen standen der Ausreiseproblematik hilflos und konzeptionslos gegenüber. Zwar hatten sie seit den siebziger Jahren immer wieder einzelnen diskriminierten Antragstellern die Möglichkeit geboten, im kirchlichen Dienst "Unterschlupf" zu finden, jedoch konnten und wollten sie sich nicht mit dem politischen und soziologischen Phänomen Ausreise auseinandersetzen.

Das letzte, umfangreichere theologische Gutachten stammte daher aus dem Jahre 1961 und war, da es bereits vor dem Mauerbau erstellt worden war, der Situation in den achtziger Jahren nicht mehr angemessen. Mit der belanglosen Formulierung "In der DDR werden alle Menschen gebraucht" ließen sie nicht nur die Ausreisewilligen im Stich, sondern verhinderten darüber hinaus auch eine Auseinandersetzung mit den Ursachen, die zum millionenfachen Wunsch nach der Flucht aus den DDR-Verhältnissen führten. (25)

Geduldsvermahnungen: Im Ergebnis dieser ohnmächtigen und konzeptionslosen Haltung der Kirchen, kam es dann Anfang März 1988, nachdem mehrere hundert Familien von Antragstellern das Konsistorium in Ost-Berlin belagert hatten, zum opportunistischen Verhalten gegenüber dem Staat. (26) Wurde Monate vorher noch eine seelsorgerliche und betreuerische

---

(25) Vgl. "Leben und Bleiben in der DDR" Informationen und Texte der Theologischen Studienabteilung beim Bund d.Ev.Kirchen i.d.DDR - Referat Weltanschauungsfragen. Nr.14/Juli 1985. Und vgl. L.Dress, in: S.Bickhardt (Hrsg): Recht ströme wie Wasser. Christen in der DDR für Absage an Praxis und Prinzip der Abgrenzung. Berlin 1988, S.45.
(26) Vgl. Erklärung des Generalsuperintendenten von Berlin (Dr.Krusche) vom 8.2.1988 (K Ia Nr.345/88) zu den Seelsorgemöglichkeiten an Antragstellern für Ausbürgerungsanträge; Ebenso Berichterstattung von der Berlin- Brandenburger Synode vom 8.-12.April 1988 vom Präses der Synode M.Becker. Die Reaktionen der Kirchen stehen im unmittelbaren Zusammenhang mit den Beschlüssen des Politbüros der SED vom 16.2.88. Vgl. Nachrichtenmagazin "Der Spiegel" Nr.8/1988 und Nr. 11/1988 hier S.19.

Pflicht bezüglich der Ausreisewilligen angemahnt, so setzte man sich jetzt innerhalb der kirchlichen Arbeit heimlich von den Antragstellern ab. Durch öffentliches Herunterspielen der Problematik und ständige Geduldsvermahnungen kamen die Kirchen dann ihrer moralpolitischen Ordnungspflicht gegenüber dem Staat nach.

Im September 1989, als der Staat faktisch schon nicht mehr regierungsfähig war und sich die Ausreisewelle zur Massenpsychose entwickelte (27), wurde in einem Gemeindebrief die Fehleinschätzung der Ausreiseproblematik und das Versagen der Kirchen gegenüber dem in den achtziger Jahren wichtigsten gesellschaftlichen Konflikt offensichtlich: "Beunruhigt und betroffen sieht die Konferenz der. Evangelischen Kirchenleitungen, daß die Zahl derer, die einen Antrag auf Entlassung aus der Staatsbürgerschaft der DDR stellen, nicht abnimmt ... Die Konferenz ist im Blick auf diese Situation ratlos." (28)

Berufsverbote: Über Jahre hinweg ratlos waren die Kirchenleitungen auch über den Verlust vieler kirchlicher Mitarbeiter (Pfarrer, Katecheten, Diakone), die durch ihr politisch, oppositionelles Engagement oder durch zunehmende Resignation aus dem Lande getrieben wurden. (29) In Absprache zwischen den Ost- und Westkirchen wurden sie nach der Übersiedlung mit einem kirchlichen Berufsverbot bestraft. Der Fürsorgepflicht für diese Mitarbeiter entzog sich die Kirche mit der ungerechtfertigten Begründung, daß "persönliche Entscheidungen Einzelner" auch in den Konsequenzen persönlich zu tragen sind. (30)

---

(27) Vgl. A.Mitter (Hrsg), a.a.0. S.173.

(28) Brief der KKL an den Staatsratsvorsitzenden Honecker vom 2.9.1990, In: "Tagesspiegel" vom 10.9.90, S.3.

(29) Beachtenswert ist, daß, prozentual auf die Gesamtzahl der Bevölkerung gesehen, die Menschen mit einer religiösen Bindung überdurchschnittlich unter den Übersiedlern vertreten waren. Vgl. Voigt/Belitz/Meck, a.a.O. S.736.

(30) Vgl. Evangelischer Pressedienst epd, Nr.128 vom 06.07.1990.

4.1.5. Opposition

Nischengesellschaft: Bis zur Wende hat es in der Geschichte der DDR keine breit organisierte Oppositionsbewegung gegeben. (Ausreisebewegung als Opposition siehe oben) Die politische und gesellschaftliche Realität, in der der Staatssicherheitsdienst ein bedeutender Faktor war, ließ Formen des Widerstandes oder der Kritik nur unter erheblichen persönlichen, beruflichen oder wirtschaftlichen Schwierigkeiten zu. (31) Opposition war daher individuell gestaltet und zum Scheitern verurteilt (Harich, Biermann, Havemann, Bahro). Eine Massenbewegung, wie zum Beispiel in Polen, konnte nicht entstehen. Die DDR-Bürger zogen sich in apolitische private Nischen zurück oder paßten sich dem System an.

Gruppen: Seit Beginn der achtziger Jahre gab es dennoch eine anhaltende Sammlungs- und Formierungsbestrebung vorwiegend intellektuell und christlich geprägter Menschen, die fast ausschließlich in Strukturen der evangelischen Kirchen eingebunden waren. Diese Gruppen waren überschaubar und konnten vom Staat und von den Kirchen kontrolliert werden. (32) 1989 gab es ca. 160 verschiedene Zusammenschlüsse, in denen ca. 2500 Personen (Kern 600) fest eingebunden waren. Eine Massenwirkung konnten sie bis zur Wende nicht ausüben.

Über die Hälfte aller derartigen Gruppierungen wurde vor dem Jahre 1985 gebildet. Der territoriale Schwerpunkt war Ost-Berlin. Im Ergebnis staatlicher und gesellschaftlicher Anstrengungen gelang es nicht, ihre Gesamtzahl zu verringern. Aufgelösten Gruppen stand immer eine gleich große Anzahl neugebil

---

(31) Vgl. D.Pollack: Außenseiter oder Repräsentanten. Zur Rolle der politisch alternativen Gruppen im gesellschaftlichen Umbruchprozeß der DDR. In: Deutschland Archiv Nr.8/1990, S.1218.

(32) Vgl. A.Mitter (Hrsg), a.a.0. S.46.

deter gegenüber. (33)   Einen rasanten Zulauf erhielten sie erst im Vollzug der Wende.

Indentitätsprobleme: In einem Bericht der Staatssicherheit vom Juni 1989 werden diese oppositionellen Gruppen charakterisiert: "Die in der DDR wirkenden feindlichen, oppositionellen und anderen negativen Kräfte verfügen über kein einheitliches politisches Konzept bzw. über kein in sich geschlossenes 'alternatives' Gesellschaftsmodell. Sie nutzen und mißbrauchen vor allem die internationale Systemauseinandersetzung um Frieden und Abrüstung, die Menschenrechtsproblematik und globale Probleme des Umweltschutzes für die inhaltliche Ausrichtung ihrer antisozialistischen Aktivitäten, für die inhaltliche und organisatorische Profilierung der personellen Zusammenschlüsse und für deren weitere Zusammenführung (Vernetzung)."(34)

Bezeichnend ist aber auch eine Selbstdarstellung in der oppositionellen Zeitung "Grenzfall": "Mit einer antikapitalistischen Grundhaltung, und diese ist für die DDR-Friedensbewegung vorauszusetzen, muß eben nicht zwingend die Entscheidung für den hiesigen Staatsbürokratismus einhergehen." (35)

Die Kritik an den bestehenden Verhältnissen war deshalb oftmals inkonsequent und halbherzig. Zudem mußte der Spielraum, den Staat und Kirche den Gruppen zubilligten, als Maß

---

(33) A.a.0. S.47.

(34) A.a.0. S.51.

(35) "Grenzfall" Nr.2/1987. In: Hirsch/Kopelew (Hrsg): Grenzfall. Vollständiger Nachdruck aller in der DDR erschienenen Ausgaben (1986/87), Berlin 1989, S.30. Die Zeitschrift "Grenzfall" war die einzige kontinuierlich erschienene Oppositionszeitschrift der DDR. Sie wurde von Mitgliedern der Initiative "Frieden und Menschenrechte" herausgegeben und im Untergrund gedruckt. Kirchliche Mitarbeiter und kirchliche Druckmaschinen ermöglichten die Herausgabe unter ständigen Repressionen der Stasi. Der Sturm auf die Umweltbibliothek in der Zionskirchgemeinde in Ostberlin im Herbst 1987 muß im Zusammenhang mit dieser Zeitschrift gesehen werden.

stab des eigenen politischen und theologischen Widerstandes angenommen und für Radikalere dann zur ausschließlichen Bedingung erklärt werden.

Feindbilder: Vor dem Sturm der Staatssicherheit auf die Umweltbibliothek, waren die einzelnen Gruppen deshalb stark zerstritten. Es einte sie dann jedoch das gleiche Feindbild und es setzte eine erhebliche Solidarisierung ein, welche nicht zuletzt die Offenlegung der Wahlfälschungen 1989 ermöglichte. Als aber der Staatsbürokratismus mit seiner Staatssicherheit nach der Wende zerschlagen war, gab es eben um dieses Feindbild erhebliche Identitätsprobleme. Die antikapitalistische Grundhaltung führte dann zur endgültigen Isolierung vom größten Teil des Volkes.

Sektierertum: Ein tragischer Fehler dieser Gruppen bestand auch darin, daß sie die Bedeutung der Ausreisebewegung verkannten. (36) Indem sie die Gesellschaft einteilten in die, die bleiben und die, die gehen wollten, spalteten sie die latente Opposition und glitten oftmals ins intellektuelle Sektierertum ab.

Für viele innerhalb der Gruppen wurde zwar die Ausreise selbst das zwanghafte Ergebnis ihrer oppositionellen Arbeit, jedoch verdrängten sie dieses Problem und die bestehende Gemeinsamkeit mit den Übersiedlern ins Unbewußte. Jeder, der übersiedelte, wurde für sie zum Mißerfolg und zur sozialen Frustration. (37) Sie übersahen, daß die angeblich individuellen Ziele der Übersiedler in Wirklichkeit ein Ausdruck gesamtgesellschaftlicher Not waren und damit ihrem Wesen nach ebenso Ausdruck von Opposition bedeuteten - ja letztendlich eine konsequentere Opposition waren,   die nicht nur von Programmen

---

(36) Vgl. A.Mitter (Hrsg), a.a.0. S.48 und S.62.
(37) Vgl. Freya Klier: Abreißkalender. München 1988, S.233.

und intellektuellen Ideen, sondern mit der ganzen persönlichen und sozialen Existenz getragen und erlitten wurde. (38)

Darüber hinaus stellten die "Ausreiser" eine Massenbewegung dar. Den vielfältigen oppositionellen Gruppierungen gelang die Identität mit großen Bevölkerungsschichten nur wenige Wochen lang im Zusammenhang mit dem Sturz der Honeckerregierung. Ansonsten waren sie gesellschaftlich und sogar innerhalb der Kirchen isoliert. (39)

Konspiration: Zur Differenzierung der vielfältigen Zusammenschlüsse geben die Unterlagen der Staatssicherheit wesentliche Anhaltspunkte. (40) Bedingt durch ihr konspiratives Verhalten waren die einzelnen Gruppen oftmals nicht miteinander in Kontakt, arbeiteten selbständig und ohne Wissen voneinander, wodurch ein Überblick lange Zeit erschwert war. Dabei ist aber andererseits zu beachten, daß in nicht wenigen Fällen bei den aktiven Kräften der Gruppen personelle Identität bestand und die Sympathisanten mehrerer Gruppen gleichzeitig angehörten. Nach einer grundsätzlichen Ausrichtung wird zwischen "Kirchlichen Basisgruppen" (1 - 5) und Gruppen mit koordinierenden Funktionen (6 - 12) unterschieden. Tabelle:

---

(38) Vgl. auch H.-J.Maaz, a.a.0. S,124f.

(39) Der überwiegende Teil der kirchl. Amtsträger und fast alle Gemeindekirchenräte wollten mit den Gruppen und ihren oppositionellen Ideen nichts zu tun haben. Sie störten die protestantische Untertanenfrömmigkeit. Zudem vermehrte die Stasi den Druck auf Mitglieder der Gemeindekirchenräte so stark, daß viele nicht die Kraft hatten, diese Gruppen zu unterstützen. Vgl. auch D.Pollack, a.a.0. S.1217 und S.1222. "Die Kirchenleitungen und die Gemeinden waren einem Loyalitätsdruck ausgesetzt und rangen um die Bewahrung ihres Besitzstandes. Sie haben daher versucht, die unruhigen Gruppen und ihre veränderungswilligen Initiatoren zu neutralisieren." E.Neubert: Eine protestantische Revolution. a.a.0. S.705.

(40) siehe folgende Seite

kirchliche Basisgruppen

"Friedenskreise"	ab 1979	DDR	unabhängige Friedens- und Oppositionsbewegung; ab 1984 wechselnde Zielstellungen; traditionell kirchlich geprägt und von der Kirche getragen; Friedenswochen, Friedensseminare und Werkstätten
"Ökologie- und Umweltgruppen"	ab 1983	DDR	zum Teil aus Friedenskreisen entstanden; nicht unbedingt als Opposition gegründet; Umweltbibliothek; Verbindung zu Grünen
"Frauengruppen"	ab 1982	DDR	alternative Frauenbewegung; stark Personengebunden geprägt; wenig kirchlich
"Christliche Mediziner"	ab 1983	Halle Berlin Erfurt	pazifistische Grundhaltung; gegen Militärmedizin; unabhängig von DDR Sektion des IPPNW
"Menschenrechts-gruppen"	ab 1987	DDR	Vielschichtige Zusammensetzung und Ziele; stark oppositionell auch Ausreisegruppen

Basisgruppen zur Koordinierung

"Konkret für den Frieden"	ab 1984		Vernetzung von kirchlichen Basisgruppen
"Solidarische Kirche"(AKSK)	ab 1986		Kirchl. Mitarbeiter; Gegen Thron u. Altar; Basisbewegung
"Kirche von Unten" (KvU)	ab 1987		Kirchentag von unten; Berlin-Brandenburg; Basisbewegung gegen Kirchenleitungen
"Umwelt-bibliothek"	ab 1986		Information und Vernetzung
"Arche"	ab 1988		Basisdemokratisch, ökologisch
"Initiative Frieden u. Menschen-rechte" (IFM)	ab 1984		International; keine kirchliche Anbindung
"Freundeskreis Totalverweigerer"	ab 1986		totale Abrüstung; sozialer Friedensdienst

4.1.6. Wende

sozialer Unfriede: Infolge der gelockerten Reiseregelungen und des positiven Eindrucks, den der "real existierende Kapitalismus" bei vielen hinterließ, begannen die ideologischen Feind- und Katastrophenbilder der SED-Regierung zusammenzubrechen. Es entstand sozialer Unfriede.

Die Fälschung der Kommunalwahlen im Mai 1989 und die Zustimmung des SED-Politbüros sowie der gesamten Volkskammer zur blutigen Zerschlagung der Demokratiebewegung in China hatten bei vielen Menschen Wut und Zorn ausgelöst. Dennoch wurde von der Regierung beharrlich jeder Gedanke an Reformen des politischen oder wirtschaftlichen Systems zurückgewiesen.

Massenpsychose: "Den entscheidenden Faktor, der zur akuten Krise und zum Zusammenbruch des Honecker-Systems führte, bildeten jedoch der enorme Ausreisedruck und die hilflose, wirklichkeitsfremde Reaktion der Führung darauf, die die politischen Spannungen in bis dahin unbekannter Weise anheizte. Durch den Abbau der Sperranlagen an der österreichisch-ungarischen Grenze geriet die gesamte nach dem Mauerbau geschaffene Statik des politischen und wirtschaftlichen Systems in der DDR ins Wanken, weil das Legitimationsdefizit der Mächtigen in seiner ganzen Dramatik deutlich wurde." (41)

Die Demonstrationen der Ausreisewilligen mit der Parole "Wir wollen raus" wurden im September von der nunmehr pro

---

(40) Vgl. Information über beachtenswerte Aspekte des aktuellen Wirksamwerdens innerer feindlicher, oppositioneller und anderer negativer Kräfte in personellen Zusammenschlüssen (MfS,ZAIG,Nr.150/89) und Anlage zur Information. In: A.Mitter (Hrsg), a.a.0. S.46-71, hier besonders S.56ff.
(41) H.Knabe (Hrsg), a.a.0. S.15 und vgl. D.Staritz: Ursachen und Konsequenzen einer deutschen Revolution. In: DDR, Fischer Weltalmanach (Sonderband), a.a.0. S.31.

vokativ wirkenden Forderung "Wir bleiben hier" abgelöst. Innerhalb der vom katholischem Bischof Wanke (Erfurt) bezeich-
neten "Massenpsychose des Weggehens aus der DDR" über-
schlugen sich die Ereignisse. (42)   Nichts schien die Massen
mehr aufzuhalten. Schlagartig formierten sich die Oppositionsgruppen und kamen aus den ihnen zugewiesenen Nischen heraus. In Leipzig demonstrierten im Anschluß an den Gottesdiensten hunderttausende von Menschen und forderten Reformen
und eine Erneuerung der DDR.

Neue Parteien: Daß es nicht zu einem blutigen Bürgerkrieg kam, war unter anderem auch dem beruhigenden Einfluß
der Kirchen und der ideologischen Ohnmacht des Staates zu ver-
danken. Erich Honecker, Günter Mittag und weitere führende
Personen müssen zurücktreten. In der "Wende-Zeit" übernimmt
Egon Krenz die wichtigsten Machtpositionen. Es kann jedoch
nicht verhindert werden, daß die Demonstrationen an Stärke
und Zahl zunehmen. Am 4.11.1989 finden sich in Ost-Berlin etwa
eine Millionen Menschen zusammen und klagen Meinungsfrei-
heit und freie Wahlen ein.

Nach und nach gründen sich Parteien und Oppositionsgruppen und treten mit Erneuerungskonzepten für eine Umge-
staltung der DDR an die Öffentlichkeit (Neues Forum, Demokratischer Aufbruch, Bürgerbewegung Demokratie Jetzt, Sozialde-
mokratische Partei, Grüne Partei, Vereinigte Linke, u.a.)

Maueröffnung: Am Abend des 9.11.1989 öffnet die DDR
vollkommen unerwartet und unkontrolliert die Grenzübergänge
in den Westen. Bereits in der Nacht eilen aber Tausende nach
West-Berlin und werden dort begeistert empfangen. Berlin feiert
das große Fest des Wiedersehens. In den nächsten Tagen fahren
Millionen DDR-Bewohner in die Bundesrepublik. 60 km lange

---

(42) Vgl. A.Mitter (Hrsg), a.a.0. S.173.

Autoschlangen stauen sich vor den Grenzübergängen. Es spielen sich unbeschreibliche Szenen der Freude ab.

Mit der Öffnung der Mauer wird das Trauma der DDR-Gesellschaft offenbar. "Der Fall der Mauer war der emotionale Höhepunkt der Entladung, ein kathartischer Durchbruch des Unbewußten: Die Menschen weinten und lachten, trunken vor Ekstase, taumelten sie sich in die Arme, alle deutsche Scheu, Vorsicht, Distanz, Zwanghaftigkeit und Kontrollsucht in einem Rausch der schmerzlichen Freude wegschwemmend. Der Gefühlsstau öffnete sich, das Verdrängte kam an die Oberfläche und die abgespaltenen Teile vereinigten sich. Ein kollektiv-emotionaler Prozeß wahrhaft historischer Dimension - aber eben kollektiv und nicht individuell geerdet, eine Überschwemmung von Gefühlen, eine Art 'Massenpsychose'. Das am häufigsten geäußerte Wort zu dieser Zeit war: 'Wahnsinn! Ich begreife das nicht! Ich kann das nicht fassen! „, (43)

Die Parolen bei den anhaltenden Demonstrationen wandeln sich erneut. Nicht mehr die Feststellung "W i r sind das Volk", sondern die Erkenntnis "Wir sind e i n Volk" prägen den Fortgang der Ereignisse. Der Vereinigungsprozeß nimmt seinen Lauf. Er wird beschleunigt durch die anhaltenden Flüchtlingszahlen, die mittlerweile in die Hunderttausende gehen. (44)

neue Regierung: Unter der Übergangsregierung des ehemaligen SED-Bezirksparteisekretärs Hans Modrow treffen sich auf Einladung der Kirchen in Ost-Berlin die fünf alten Blockparteien mit führenden Vertretern der Oppositionsgruppen an einem "Runden Tisch". Zu den ersten praktischen Übereinkünften zählen die Aufforderung, den Staatssicherheitsdienst aufzulösen

---

(43) H.-J. Maaz, a.a.0. S.152. Und vgl. DDR, Fischer Weltalmanach (Sonderband), a.a.0. S.170.
(44) Vgl. H.Hanke: Identität in der Krise. In: Deutschland Archiv Nr.8/1990, S.1224.

und im Frühjahr 1990 freie Wahlen durchzuführen. Ab Januar 1990 setzt dann eine rapide Auflösung der staatlichen Machtstrukturen ein. Die alten Blockparteien der Nationalen Front, vor allem die CDU, ändern grundlegend ihre politische Ausrichtung. Gegen den Widerspruch der "alten" Oppositionsgruppen werden von Politikern zunehmend Erklärungen über den Weg zur deutschen Einheit abgegeben. Wegen der Unterschätzung der nationalen Frage entfremden sich die Oppositionsbewegungen langsam von der überwiegenden Zahl der Bevölkerung. Als es am 18.3.1990 zu den ersten freien Volkskammerwahlen kommt, spielen sie politisch keine Rolle mehr.

Ergebnisse der Volkskammerwahlen:

CDU 40,9%; SPD 21,8%; PDS(SED) 16,3%; DSU 6,3%; Liberale 5,2%; Bündnis 90 2,9%

Vereinigung: Der Prozeß zur Vereinigung ist nun nicht mehr aufzuhalten. Mit der Währungs-, Wirtschafts- und Sozialunion am 1.7.1990 löste sich die DDR als wirtschaftlich und politisch eigenständiger Staat faktisch auf. Als real gescheiterter Sozialismus hat ein 40 Jahre altes poststalinistisches Gesellschaftsmodell sein friedliches Ende gefunden. Am 3. Oktober 1990 gibt es dann auch völkerrechtlich nur noch einen deutschen Staat. Die alliierten Truppen ziehen aus Deutschland ab.

Rolle-der-Kirche: Den evangelischen Kirchen kann bei den gesellschaftlichen Veränderungen eine beträchtliche Rolle zugewiesen werden. Spätestens nach den Wahlfälschungen im Mai 1989 konnten sich Synoden, Kirchenleitungen und Kirchenbehörden nicht mehr den Fragen zur gesellschaftlichen Situation verschließen oder mit unkonkreten Mahnungen und Bitten ausweichen. Die Ökumenische Versammlung von Kirchen und

Christen in der DDR nannte das Problem beim Namen und forderte: "Mehr Gerechtigkeit in der DDR - unsere Aufgabe, unsere Erwartungen" (45)

Es wurde ein innergesellschaftlicher Dialog nicht nur angemahnt sondern gefordert und praktiziert. Geschah dies vorerst ausschließlich in kirchlichen Räumen, so weitete sich später die Diskussion auf breite Schichten der Bevölkerung aus. Die katastrophale Lage im Spätsommer und die Massenauswanderungen zwangen dazu, Ursachen zu benennen und Reformen einzuklagen. Die Kirchen taten dies nachdrücklich.

Option für den Sozialismus: Allerdings zogen sie eine deutliche Grenze. Der Sozialismus sollte reformiert und nicht abgeschafft werden. Nach dem Sturz Honeckers stimmten der neue Generalsekretär des ZK der SED Egon Krenz und der Vorsitzende der KKL Landesbischof Werner Leich darin überein, "daß es gilt, die DDR, deren Geschichte auch ein Stück Geschichte der evangelischen Kirchen unseres Landes und des gesellschaftlichen Mittuns christlicher Bürger ist, zu bewahren." Und der Generalsuperintendent von Ost-Berlin, Günter Krusche, erklärte: „... wenn es auch gerade in den letzten kritischen Monaten Überlegungen gegeben hat, den Begriff 'Kirche im Sozialismus zu verabschieden, wird es bei aller Kritik am real existierenden Sozialismus bei der Option für eine sozialistische Gesellschaft bleiben. Darin sind sich viele Kirchenglieder mit den Vertretern der Reformgruppen einig." (46)

---

(45)   Text der Ökumenischen Versammlung von Kirchen und Christen in der DDR vom April 1989 in Dresden. In: G.Rein (Hrsg): Die Opposition in der DDR, Berlin 1989, S.205.

(46)   Pressemitteilung des BEK vom 19.10.89, Anlage zur Schnellinformation des Sekretariats (A 5521-2-/89). Und Günter Krusche: Das prophetische Wächteramt. Die zukünftige Rolle der Kirche. In: H.Knabe (Hrsg), a.a.O. S.98-106, hier S.101.

Diese Option für den Sozialismus war aber lediglich der alte Fehler der führenden Kirchenvertreter - der Graben zwischen Kirchenführung und Kirchenvolk. Die Mehrzahl jener christlichen Bürger und Kirchenglieder, auf die man sich jahrzehntelang zur Legitimierung einer Kirche im Sozialismus berufen hatte, war nämlich vollkommen anderer Meinung.

"Pfarrerregierung": Ein Spezifikum dieser politischen Wende, die zum Teil revolutionäre Züge trägt, besteht darin, daß viele kirchliche Mitarbeiter durch die Übernahme von staatlichen Ämtern und politischen Funktionen maßgeblichen Einfluß auf die weitere Entwicklung der Gesellschaft nehmen. Allein in der Regierung der DDR haben vier Pfarrer ein Ministeramt inne und weitere sitzen als Abgeordnete in der Volkskammer. Der Anteil der Pastoren, die politische Funktionen übernahmen, schwankt in den Landeskirchen von 15 bis über 40 Prozent. In der Pommerschen Evangelischen Kirche (ehemals Greifswalder Landeskirche) haben bei der Kommunalwahl am 6. Mai 1990   42 Prozent aller Pastorinnen und Pfarrer ein politisches Mandat erhalten. Die Konferenz der Ev. Kirchenleitungen beschloß daraufhin, die Dienstverhältnisse dieser Mitarbeiter auszusetzen. (47)

4.2.1. "Thron und Altar"

Burgfrieden: Bei dem Gespräch zwischen Staat und Kirche vom 6. März 1978 wurde ein Burgfrieden geschlossen.   Auf

---

(47) Vgl. "Tagesspiegel" vom 6.7.90, S.6 und vom 18.4.90, S.6. Die neue DDR-Volkskammer war mit 19 ordinierten Pfarrern besetzt. In dem Kabinett von Ministerpräsident de Maiziere, der selber 1986 Vizepräses der Synode des BEK wurde, gab es vier Pfarrer. Eine besondere Rolle spielten die aus der Friedensbewegung kommenden Pfarrer Rainer Eppelmann (Verteidigungs- und Abrüstungsminister) und Markus Meckel (Außenminister).

Grund der angespannten internationalen Lage und der innenpolitischen Stagnation konnte es sich die SED-Führung nicht leisten, gegenüber der Kirche auf Konfrontationskurs zu gehen. In dieser Situation erschien es angebracht, gemäß ihrer Dialektik von Diktatur und Bündnispartner, die Kirche, da sie nicht "absterben' wollte, als hilfsbereite gesellschaftliche Kraft zu gewinnen.

Manfred Stolpe, der das Sekretariat des Kirchenbundes bis 1981 leitete, beschrieb die Situation: "Der Kirche ist heute als eigenständiger Größe in aller Form gesellschaftliche Bedeutung und Mitspracherecht zuerkannt worden. Ihre eigene Mitverantwortung für die Zukunft aller ist unbestritten. Die Kirche wird demzufolge heute nicht als Institution des Klassengegners, sondern als eigenständige gesellschaftliche Kraft gewertet." (48)

Bündnispartner: Dieser Status der eigenständigen gesellschaftlichen Kraft konnte von der SED einem traditionellen Klassengegner aber nur zugebilligt werden, wenn die Kirche in entsprechend ausgehandelten Kompromissen als Bündnispartner von Nutzen war. Innerhalb des politischen Systems der DDR fand eine neue Strukturbildung statt. (49) Da die Ideologie der Partei es nicht schaffte, sozialistische Normen und Werte für das Volk annehmbar zu machen, besann sie sich auf ihre klassische Religions- und Kirchenkritik und inaugurierte, eingedenk des Marxschen Satzes, daß Religion Opium fürs Volk sei, die Kirche zu ihrem Bündnispartner für die achtziger Jahre.

Vertrauenspartner: Die SED-Führung machte sich dabei den bestehenden Graben zwischen Kirchenleitungen und Kirchenvolk geschickt zu nutze. Mit Geheimdiplomatie und Staats

---

(48) M.Stolpe: Kirche, Staat und Welt. In: Kirche im Sozialismus. Sonderheft zum Hamburger Kirchentag, Juni 1981, S.15.

(49) Vgl. R.Henrich, a.a.O. S.234

sicherheitsintrigen schaffte sie es immer wieder, diesen Graben für ihre politischen Sicherheitsinteressen zu erhalten.

Noch am 24.10.1989, als die Honeckerregierung bereits gestürzt war, konnte es ein führender SED-Politiker als Vertrauensbruch bezeichnen, daß es dem stellvertretenden Vorsitzenden des Bundes, dem Konsistorialpräsidenten Stolpe nicht gelungen war, eine der Regierung unangenehme Veranstaltung zu verhindern. (50) Dieses Vertrauen, das die SED gegenüber den Kirchenleitungen hatte und das das SED-Politbüromitglied Schabowski noch beim Untergang beschwor, war nicht blindlings, sondern über Jahre hinweg gewachsen und bewährt (51).

Der Bündnispartner Kirche hatte in den achtziger Jahren für die SED moralpolitische und ordnungspolitische Aufgaben zu erfüllen. "Die Partei benutzte die Kirche als kontrolliertes Auffangbecken für Ideen und Menschen. Wer den parteibürokratisch gesteuerten Politrummel nicht mitmachen will, der hat damit die Gelegenheit, 'alternativ' zu sein - im genau vorgegebenen Rahmen der evangelischen Landeskirche. Wo dieser Rahmen nicht eingehalten wird, da kommt es nach wie vor zum Konflikt mit der Staatsmacht." (52)

Selbstgerechtigkeit: Diese Konflikte haben dann nach außen hin den Eindruck entstehen lassen, daß die Kirche in der DDR eine von Partei und Staatsmacht verfolgte Opposition sei. Ein solches Zerrbild wurde, besonders gegenüber den West-Kirchen gepflegt, um den moralischen Anspruch der finanziellen Abhängigkeit zu begründen und nach innen in ein evangelisches Selbstbewußtsein umgewandelt, daß in seinem "christlichen Leiden" oftmals zur weinerlichen Selbstgerechtigkeit verkam. (53)

---

(50) Vgl. "Tagesspiegel" vom 17.11.89, S.6.
(51) Vgl. A.Mitter (Hrsg), a.a.0. S.26.
(52) R.Henrich, a.a.0. S.236.
(53) Vgl. ebd.

Darüber hinaus wurde der tatsächliche und vermeintliche Schutz oppositioneller Kräfte als eine Chance verstanden "...um die 'Kirche im Sozialismus' durch ein ehrenwertes Protestmaterial zu stärken und an Inhalten aufzufüllen, was an religiöser Kraft verloren gegangen war, und auch um eine mögliche Kollaboration mit dem sozialistischen System zu verschleiern." (54)

Kollaboration: Öffentlich wurde eine Kirchenverfolgung aber stets verneint. Man befand sich in trauter Eintracht mit der "gesetzmäßigen Entwicklung des Sozialismus" Im Juni 1989 konnte dann der Greifswalder Bischof und EKU-Vorsitzende Gienke den Parteichef Honecker erstmalig zum Gottesdienst einladen und mit den bezeichnenden Worten begrüßen: "Die neuen Türen des Domes sind gemeinsam für uns geöffnet."(55)

Gegenseitiges Vertrauen und Hochachtung voreinander waren nicht nur Floskeln. Ein Tag vorher hatte Altbischof Schönherr zum wiederholten Male deutlich ausgesprochen, daß die Kirche kein Sammelbecken der Opposition sei. (56) Stabile Verhältnisse, in denen Straßendemonstrationen keinen Platz haben und in denen der Staat der DDR eine gute Entwicklung nehmen möge, waren wenige Tage später der Wunsch von Konsistorialpräsident Manfred Stolpe und der Konferenz der Kirchenleitungen. (57)

---

(54) H.-J.Maaz, a.a.0. S.50. Vgl. auch die Diskussionen auf der Synode der Berlin-Brandenburgischen Kirche (Ostregion) vom April 1988. In den Antworten von Probst Furian auf einige Anfragen auf den Bischofsbericht heißt es: "Diese Gruppen, die themenorientiert arbeiten und uns von der Thematik sachlich nahe stehen, bringen die Lebensbezüge, die Konkretion unserer Arbeit zu Gerechtigkeit, Frieden und Bewahrung der Schöpfung ein. Sie bringen den existenziellen Bezug."

(55) "Tagesspiegel" vom 13.6.89, S.2.

(56) Vgl. "Tagesspiegel" vom 13.6.89, S.9.

(57) Vgl. "Tagesspiegel" vom 17.6.89, S.40, und A.Mitter (Hrsg), a.a.0. S.108.

Und beim Kirchentag in Leipzig im Juli 1989 mahnte der Staatssekretär für Kirchenfragen, Löffler, die "wahrhafte Verantwortungsgemeinschaft" zwischen Staat und Kirche an.

Aber es war bereits zu spät. Die Kirchenführer versuchten dann heil und unbeschadet aus dieser Verantwortungsgemeinschaft herauszukommen. Die Staatssicherheit meldete, daß einzelne anfangen zu taktieren und für die Staatspolitik nicht mehr verläßlich sind (58).

4.2.2. Geschäftspartner

Westgeld: Für die SED-Führung waren neben den moral- und ordnungspolitischen Funktionen der Kirchen besonders ihre finanziellen Bindungen an die West-Kirchen von Bedeutung. Wegen ihres permanenten Devisenmangels ließ die DDR keine Gelegenheit außer acht, auch verhältnismäßig kleine Beträge zu erlangen. Das Besondere an den Westgeldern der Kirchen lag darin, daß alle Transferierungen nicht dem Staat, sondern der Partei zu Gute kamen. Ob es Bauvorhaben, Geschenksendungen oder Bruderhilfen waren, sie flossen letztendlich den parteieigenen Betrieben zu. Jeder kirchliche Mitarbeiter und Pfarrer, jeder Anstaltsleiter und jeder Konsistorialrat war mehr oder weniger, unbewußt oder bewußt in diese Parteigeschäfte der SED-Handelsunternehmen LIMEX und GENEX verwickelt. (59)

Machtmißbrauch: Schätzungen gehen davon aus, daß ein großer Teil (bis 50%) des kirchlichen Haushaltes aus Devisen bestritten wurde. Von einer Synode einzusehende Haushaltspläne wurden darüber aber nie geführt oder gar verantwortet.

---

(58) Vgl. A.Mitter (Hrsg), a.a.0. S.122.

(59) Vgl. auch zu den geheimen Warengeschäften "Berliner Sonntagsblatt" vom 20.5.90, S.2.

Zwar mußte minutiös jede Ostmark, jeder Kollektenpfennig dreimal verzeichnet und verrechnet werden, aber Tausende von Westmark wanderten geheimnisvoll über die Tische der Konsistorialräte. Dem Machtmißbrauch war Tür und Tor geöffnet. Mit der Verteilung dieser Gelder konnte belohnt oder diszipliniert werden, je nach den Erfordernissen der Kirchenpolitik oder den Interessen der Partei. (60)

Schweigen: Forderungen nach Offenlegung dieser Gelder wurden von den Konsistorien immer wieder mit dem Hinweis auf die Geheimhaltung vor dem Staat verhindert. Bis ins unbedeutendste Pfarramt und kirchliche Altersheim hinein wurde ein Mantel des Schweigens ausgebreitet. Das, was die Partei selber als einträgliches Geschäft betrieb, sollte irrsinnigerweise vor ihr verborgen bleiben. Die Kirchengemeinden und unteren kirchlichen Mitarbeiter haben diese Verbindung zwischen SED und Kirche nie wahrgenommen oder durchschaut. Sie sahen nur die positiven Seiten dieser Unterstützungen, denn viele Aufgaben der Kirchen wären ohne diese Gelder undenkbar gewesen.

"So war das Agreement zwischen Staat und Kirche kirchenerhaltend und stärkte dabei auch das politische System. Vor allem die finanzielle Abhängigkeit vom Westen, die noch verschärft wurde durch die sogenannte 'Bruderhilfe', eine direkte materielle Zuwendung an kirchliche Mitarbeiter in der DDR, hat die wirkliche ökonomische Lage der evangelischen Kirche verschleiert, und ein kritisches Nachdenken oder Bemühen um geistliche Erneuerung konnte damit vermieden werden. Die spirituelle Kraft der evangelischen Kirchen war sichtbar erlahmt." (61)

---

(60) Vgl. "Deutsche Allgemeine Sonntagsblatt" vom 2.3.90, S.17. Viele sprachen später auch von sogar 80% an Westunterstützung. vgl. Synode der Berlin-Brandenburger Westregion im November 1990. In "Berliner Sonntagsblatt" vom 25.11.90, S.2.   (61) nächste Seite

4.2.3. Friedensbewegung

Stellvertretung: Die Eigenständigkeit der christlichen
Weltverantwortung der Kirchen ist nach dem Grundsatzgespräch vom 6. März 1978 von der Regierung der DDR akzeptiert
worden. Die Friedensfrage wurde aber wegen ihres politischen
Charakters unmittelbar danach zur Belastungsprobe des Verhältnisses von Staat und Kirche. "Aus der Sicht des Staates war
dies so, weil die Ablehnung von 'Geist und Logik der Abschreckung' gegen ein wesentliches Element des sozialistischen Ver-
teidigungskonzeptes gerichtet scheint und in den Verdacht ge-
rät, die Verteidigungsbereitschaft zu schwächen." (62)

Der lang ausgehaltene Konsens mit den Friedensvorstellun-
gen des Staates, der von der CFK für den kirchlichen Bereich the-
ologisiert wurde, konnte viele Christen nicht mehr befriedigen.
Spätestens seit Einführung des Wehrkundeunterrichtes wurde
die permanente Militarisierung der Gesellschaft unerträglich. Es
schlossen sich viele Christen, Theologen und kirchliche Mitarbeiter zu den verschiedenartigsten Friedensgruppen zusammen.
Diese Gruppen fanden allein in kirchlichen Räumen Möglichkeiten sich zu versammeln und zu artikulieren. Sie zogen von Anfang an auch Menschen aus anderen gesellschaftlichen Bereichen

---

(61)   H.-J.Maaz, a.a.O. S.51. Kirchliche Mitarbeiter hatten ein sehr geringes Ein-
kommen, das etwa auf der Höhe eines Sozialhilfesatzes lag. Die Bruderhilfe der
Westkirchen bedeutete für sie wertmäßig über ein halbes Jahresgehalt und
brachte eine privilegierte Stellung mit sich. Von daher war niemand sonderlich
daran interessiert, über dieses Geld nachzudenken oder es gar in Frage zu stellen.
Das Problem der finanziellen Verbindungen zwischen SED und Kirchen ist bis-
lang noch ein Tabuthema. Daher liegt auch wenig Quellenmaterial vor.
(62)   G.Krusche: Bekenntnis und Weltverantwortung. A.a.O. S.163.

an, da eine von unten initiierte Meinungsäußerung sonst in der DDR nicht geduldet wurde. Die Kirche ist somit ungewollt in eine Stellvertreterfunktion hineingedrängt worden.

Repressionen: "Zu Auseinandersetzungen um das Friedenszeugnis der Kirche kam es auch dadurch, daß die zahlreichen Friedensaktivitäten auf allen Ebenen kirchlichen Lebens ... oft bis zur Ununterscheidbarkeit mit Menschen, vor allem Jugendlichen, durchsetzt sind, für die solche Aktivitäten gleichzeitig ein Ausdruck von Staatsverdrossenheit, politischer Opposition oder innerer Emigration ... sind." (63) Staatsverdrossenheit oder versteckte Anarchie war aber für den Staat ebenso wie für die Amtskirche eine untragbare Haltung, die mit allen Mitteln der Repression unterdrückt wurde.

Basisinitiativen: Dennoch bildeten sich nach und nach Basisinitiativen für unterschiedliche gesellschaftliche Anliegen heraus. Die Kirche übernahm gemäß ihren eigenen Synodenbeschlüssen für die Friedensaktivitäten die Verantwortung und geriet zunehmend in Konflikt mit dem Staatsapparat, der nicht selten mit erheblichen Erpressungsversuchen eine Spaltung der Gruppen und der Kirchenleitungen versuchte. (Konflikt um das Friedenssymbol "Schwerter zu Pflugscharen" 1982, Antikriegsmuseum, Verbot der Friedenswerkstatt 1987) (64)

Friedenswochen, Friedenswerkstätten, Friedensseminare, Friedensmärsche, Beratung für Wehrdienstverweigerer, Antikriegsausstellungen, Bluesmessen, Schweigemärsche, Fastenaktionen und noch viele andere Initiativen veranstalteten Gemeindeglieder gemeinsam mit Nichtchristen. Sie wendeten sich in

---

(63) Ebd.
(64) "Grenzfall" Nr.6/1987. In: Hirsch/Kopelew (Hrsg), a.a.O. S.78 (Interview mit Bischof Forck) und vgl. "Grenzfall" Nr.4/1987, a.a.O. S.46. und Mitteilung der Kirchenleitung Berlin-Brandenburg an die Superintendenten vom 26.3.1982 zum Konflikt um Aufnäher "Schwerter zu Pflugscharen".

den folgenden Jahren auch den Themen der Ökologie, der Gerechtigkeit und der Menschenrechte zu. Im Jahr des Umbruchs spielte dann die Friedensfrage nur noch eine bescheidene und kaum zu erkennende Nebenrolle.

Friedensfrage: Die Synode des BEK hatte auf ihren Tagungen 1982 und 1985 dem Geist, der Logik und der Praxis der Abschreckung abgesagt. Dies gab der Friedensbewegung Anlaß zum weiterfragen, denn wer das Abschreckungsprinzip ablehnt, muß auch die Abgrenzungen, die einen friedlichen Dialog behindern, zu beseitigen versuchen. So wurde die Friedensfrage zu einer konkreten gesellschaftliche Forderung erweitert und gleichzeitig präzisiert. 1987 hieß es in einer Initiative: "Die Absage an Praxis und Prinzip der Abgrenzung und das Einstehen für diese Forderungen können helfen, unser Leben aus verengten Perspektiven herauszuführen. Erst dann werden wir unsere Existenz nicht mehr als bevormundet und zweitrangig erfahren, sondern uns als freie und mündige Bürger betrachten."(65)   Die Wende 1989 war damit theoretisch vorbereitet.

4.2.4. Gruppen

Scheinkirche: Mit der Entwicklung innerhalb der als Friedensbewegung begonnenen Basisbewegung war die Kirche oftmals überfordert. Sie sah mit den Aktivitäten der Gruppen den in Barmen zitierten Kampf zwischen wahrer Kirche und Scheinkirche in ihre ausgehandelte Staatsloyalität hereinbrechen. (66) Da es ihr mit der bewährten Geheimdiplomatie nur im begrenzten Umfang gelang, die vor westlichen Fernsehkameras ablau

---

(65)   S.Bickhardt (Hrsg): Recht ströme wie Wasser. Christen in der DDR für Absage an Praxis und Prinzip der Abgrenzung. Berlin 1988, S.17.

(66)   Vgl. G.Krusche: Bekenntnis und Weltverantwortung. A.a.0. S.163.

fenden Demonstrationen und Polizeimaßnahmen zu relativieren, stand die Amtskirche in aller Öffentlichkeit konzeptionslos zwischen den Fronten.

Zerwürfnisse: Besonders in Ost-Berlin gab es zwischen den Gruppen und der Kirchenleitung schwere Zerwürfnisse (Friedenswerkstatt, Kirchentag 1987, Auftrittsverbote für die Künstler Krawczyk und Klier). (67) Die Synode der Landeskirche im April 1988 spiegelt diese Problematik deutlich wieder, und im "Grenzfall", der einzigen in der DDR erschienenen Untergrundzeitung, war zu lesen, daß die Kirche die Gruppen über Jahre "mit billigsten Mitteln bürokratischer Arroganz immer wieder abgespeist und hingehalten" hat und ständig durch geschicktes Taktieren versuchte, die Gruppen "aufzuweichen". (68)

Kirche von Unten: Als die Problematik Ende 1987 wegen des Sturms der Staatssicherheit auf die Berliner Umweltbibliothek eskalierte, mußte der Generalsuperintendent von Berlin Günter Krusche auf der folgenden Landessynode erklären: "Wir sind zu Elementen einer Strategie geworden, die wir nicht mehr in der Hand halten. Wir mußten reagieren, haben punktuell einmal hier, einmal da Schlimmes toleriert, um Schlimmeres zu verhüten und haben dabei unser Profil verloren und uns mehr von Krisen als von Kriterien leiten lassen! Nicht nur der Staat, sondern - was mich viel mehr beunruhigt - auch unsere Gemeinden fragen jetzt nach der Position der Kirche." (69) Und diese Frage war berechtigt. Über ihre Beantwortung kam es innerhalb der

---

(67) Vgl. "Grenzfall" Nr.3/87, Nr.4/87 und Nr.5/87, In: Hirsch/Kopelew, a.a.0. S.19, S.46 und S.57.

(68) a.a.0. S.65 (Nr.6/87)

(69) G.Krusche Diskussionsbeitrag auf der Berlin-Brandenburger Synode (Ostregion) vom 8.-12.4.88.

Kirchenleitungen, besonders in Berlin-Brandenburg, zu heftigen Kontroversen, So ergab sich die Situation, daß auf der einen Seite kirchliche Amtsträger die Interessen der Gruppen zu schützen versuchten und sich auf der anderen Seite Superintendenten und Konsistorialräte wie Staatsanwälte aufführten. (70)

Verdrängung: Da viele Meinungsverschiedenheiten innerhalb der Kirchen nur selten an die Öffentlichkeit gelangten, ist eine gerechte Einschätzung der Rolle der Kirchen in diesem Dreiecksverhältnis Staat - Kirche - Gruppen erschwert. Gerade im Zusammenhang mit der Wende im Herbst 1989 ist nach außen sichtbar geworden, daß die Formation von Demonstrationszügen ihren Anfang in Kirchen und kirchlichen Räumen gefunden hat. Verborgen blieb dagegen, daß es für die Demonstranten oftmals sehr kompliziert war, in diese Kirchen hineinzugelangen, da die Kirchenleitungen z.B. Demonstrationen als nicht geeignete Mittel ansahen, gesellschaftliche Veränderungen durchzusetzen und grundsätzlich einer politischen Opposition ablehnend gegenüber standen. (71)

Es bleibt deshalb festzuhalten, daß nicht die Kirchen diesen Gruppen ein Dach gegeben haben, sondern daß die Gruppen sich dieses Dach unter großen Schwierigkeiten und gegen den Widerstand des größten Teils der Amtskirche selbst genommen haben. "Kirchentüren öffneten sich, weil Menschen von außen daran pochten. Und jene, die sie aufmachten, hatten nicht selten einen kräftezehrenden Kampf mit staatlichen u n d mit kirchlichen Autoritäten zu führen." (72)

---

(70)   Vgl. F.Klier, a.a.0. S.169, S.192, S.241.

(71)   Vgl. Interview mit Altbischof Schönherr, in "Tagesspiegel" vom 13.6.89, S.9.

(72)   J.Garstecki: Um der ökumenischen Gemeinschaft willen. In: "Die Kirche" 4.3.1990, S.2. Vgl. "Grenzfall" Nr.6/87, a.a.0. S.65.

Identitätskrise: Von daher ist es auch zu verstehen, daß viele Anhänger dieser Gruppen die Räume der Amtskirche fluchtartig verließen, als sich ihnen bessere Möglichkeiten boten, ihre christliche und gleichzeitig politische Weltverantwortung zu artikulieren. Die evangelischen Kirchen in der DDR haben sich oppositionellen Gruppen aber letztendlich nur deshalb geöffnet, weil diese Gruppen die DDR reformieren und nicht abschaffen wollten. Mit dem Zusammenbruch des Sozialismus sind viele Mitglieder der Gruppen und manche Theologen der Kirche in eine Identitätskrise geraten, Die Hoffnung auf die Reformierbarkeit des DDR-Sozialismus erwies sich als ein Traum. (73)

Die einzelnen Kirchengemeinden, in denen die Turbulenzen und Auseinandersetzungen mit den Basisgruppen stattfanden, haben die Erlebnisse mit diesen Gruppen als lästig empfunden und ihr Kirchenverständnis in keiner Weise verändert. Man war nach der Wende froh, wieder auf die althergebrachte Weise Gott loben, preisen und danken zu können. Ein gesellschaftliches oder politisches Engagement widersprach nach wie vor ihrem christlichen Selbstverständnis.

(Zur Systematik der Gruppen siehe Abschn. Opposition 4.1.5)

4.3.1. Konkursverwaltung

Substanzverlust: Die Kirche in der DDR verstand sich als Zeugnis- und Dienstgemeinschaft mit den Elementen der Sammlung und Sendung. In den achtziger Jahren wurde diese Bestimmung allgemein angenommen. Sie hatte als Kriterium der Gemeinde aber mehr den Charakter einer Zielvorstellung als den

---

(73) Vgl. "Tagesspiegel" vom 26.8.1990, S.46.

eines empirischen Kennzeichens. Die kirchlichen Mitarbeiter arbeiteten gegen den Trend der kleiner werdenden Gemeinden an. Nicht wenige opferten sich auf und gaben ihr letztes.

Der Substanzverlust war aber trotzdem allerorten spürbar und konnte in nur wenigen Ausnahmefällen aufgehalten werden. In den Großstadtgemeinden schien der Tiefpunkt bereits erreicht zu sein. In den ländlichen Gemeinden mit ihren traditionellen Ausprägungen schrumpften die Mitgliederzahlen zwar langsamer aber dennoch kontinuierlich weiter. Nach der Wende bekannten sich 22,5% der DDR-Bevölkerung zur Evangelischen Kirche und 4,2% zur Katholischen Kirche. 0,7% gehörten einer anderen Konfession an. (74)

Sichtbarer Ausdruck des Substanzverlustes war der ständig zunehmende Zerfall der kirchlichen Gebäude. Zwar wurden einige ausgewählte Objekte restauriert oder wiederaufgebaut, aber der überwiegende Teil verfiel von Jahr zu Jahr mehr. Dazu muß aber gesagt werden, daß der Verfall der Bausubstanz nicht nur ein kirchliches Problem war, sondern ein hausgemachtes DDR-Charakteristikum darstellte. Die wirtschaftlichen und ökonomischen Möglichkeiten der Gesamtgesellschaft waren desolat und ließen nur einen minimalen Spielraum für innovative Entscheidungen zu.

Amt und Gemeinde: Es wurde ständig nach neuen Wegen gesucht, aus der permanenten Konkursverwaltung herauszukommen. Theologische oder soziologische Konzepte konnten aber nur sehr selten in die Praxis der kirchlichen Arbeit umgesetzt werden.

Die natürlichen Grenzen der Gemeindearbeit waren verfestigt und schienen unüberwindbar. Die bestehenden Formen des

---

(74) Zahlenmaterial aus repräsentative Umfrage des Ost-Berliner "Unabhängige Institut für Friedens- und Konfliktforschung" vom Juni 1990. In: "Berliner Sonntagsblatt" vom 12.8.90, S.2.

kirchlichen Lebens, die überlieferten Strukturen von Amt und Gemeinde galten bei den meisten Gemeindegliedern als verbindlich. Ihre Relativität und Veränderbarkeit wurden nicht erkannt oder oft sogar heftig bestritten. (75) Im vorgefundenen Gemeindeaufbau, besonders in den ländlichen Gemeinden, nahm das Pfarramt, das als Gegenüber zur Gemeinde verstanden wurde, immer noch die zentrale Stellung ein. Mit dem starren Festhalten der Kirchenbehörden an der flächendeckenden Gemeindearbeit wurden die alten Strukturen gestützt. (76) Der Gemeindeaufbau wurde nach wie vor als Wirkung der Predigt, der Sakramentenspendung und der Seelsorge verstanden.

Strukturerhalt: Neben finanziellen traten vermehrt personelle Probleme auf. Gerade die flächendeckende Gemeindearbeit kostete enorme Mittel und Arbeitskräfte. Es wurden Gemeinden gehalten und gestützt, in denen es faktisch kaum noch kirchliche Lebensäußerungen gab. Landpfarrämter mit 400 registrierten Gemeindeglieder, von denen vielleicht 20 zum inneren Kreis gezählt werden konnten, waren keine Seltenheit.

---

(75) Der Entwurf einer neuen Lebensordnung "Mit der Kirche leben", den der BEK Mitte der achtziger Jahre in die Gemeindediskussion hineingab, konnte durch die wachsende Identitätskrise nicht zu einer verbindlichen Festlegung entwickelt werden. In der Berichterstattung von der Berlin-Brandenburger Synode vom April 1988 war zu lesen: "Ich könnte mir eine Kirche vorstellen, die in Jesus Christus ruht und ruht und ruht und außer diesem Ruhebedürfnis kein anderes mehr hat." Zu einem Konsens über die konkrete Gestaltung der Nachfolge Christi in der gesellschaftlichen Wirklichkeit der DDR kam es Ende der achtziger Jahre nicht mehr.

(76) Vgl. Synodenrückschau der Berlin-Brandenburger Synode (Ostregion) vom 4.-8. April 1986: "Warum lösen wir uns so schwer von Strukturen, die so nicht mehr durchgehalten werden können? Warum haben wir andererseits nicht den Mut, eine Sache, die um des Auftrages willen nicht aufgegeben werden darf und anscheinend keine finanziellen Mittel dafür zur Verfügung gestellt werden, doch durchzusetzen?" (Kleinhempel)

Der in traditioneller Form abgehaltene Gottesdienst hatte seinen Öffentlichkeitscharakter vollkommen verloren. Als Mittelpunkt des Gemeindelebens angesehen, war es nur möglich, unter großen Schwierigkeiten die älteren Gemeindeglieder zu sammeln. Den wenigen Gottesdienstbesuchern stand dann ein riesiges Kirchengebäude gegenüber, daß krampfhaft erhalten werden mußte, obwohl es seine ursprüngliche Funktion als Sammelort der ganzen Gemeinde bereits vor Jahrzehnten verloren hatte.

Konzepte, die den offensichtlichen wirtschaftlichen und geistlichen Konkurs vieler Gemeinden akzeptiert hätten, und darauf aufbauend neue Wege in die Praxis hätten finden können, gab es nicht oder wurden nicht ernst genommen. (77)

4.3.2. Resignation

lautloses Ausbluten: Bei Gemeindegliedern und kirchlichen Mitarbeitern breitete sich Resignation aus. Es gab zwar nirgends dramatische Zusammenbrüche von Ortsgemeinden, aber das lautlose Ausbluten der Christengemeinschaft bedeutete für die Betroffenen Trauer, wehmütiges Zurückschauen, Mutlosigkeit und eine verschlossene Zukunft. (78)

So mußte die Konferenz der Kirchenleitungen in ihrem Bericht vor der Bundessynode im September 1987 in Görlitz fest

---

(77)   „... die Organisationsform und der Gebäudebestand sind noch auf eine Gesamtbevölkerungskirche ausgerichtet, stammen aus der Zeit der Staatskirche, als der König von Preußen zugleich der Bischof dieser Kirche war. Die Zeiten und die Verhältnisse sind radikal anders geworden. Veränderungen sind überfällig." Konsistorialpräsident M.Stolpe, Vortrag im Rahmen der 'Berliner Lektionen'. In: "Tagesspiegel" vom 17/18. Juni 1989, S.40.
(78)   Vgl. "Bleibender Auftrag - neue Herausforderungen. Überlegungen zum Weg unserer Kirche in das vereinigte Deutschland. Ein Gesprächsangebot aus dem Kirchenbund." In: Potsdamer Kirche Nr.35/1990 vom 2.9.90, S.4.

stellen: "Nach der Debatte in den vergangenen Jahrzehnten hat kaum jemand Interesse oder Kraft zum Nachdenken über Strukturen. Angesichts der veränderten und sich verändernden Situation der Kirche ist es jedoch auch nicht denkbar, die überkommenden Strukturen einfach fortleben zu lassen." (79) Ein Ausweg aus der Situation der bestehenden Kirchenverfassung wurde jedoch nicht aufgezeigt.

Realitätsverlust: Hier setzte sich auch ein altes Dilemma der "Kirche im Sozialismus" fort. Der Graben zwischen Kirchenführung und Gemeindegliedern, der bereits bei der Kirchenbundgründung 1968 und dann bei der Selbstverbrennung von Pfarrer Brüsewitz 1976 sichtbar wurde, konnte nicht überwunden werden. Auf beiden Seiten stellte sich ein erheblicher Realitätsverlust ein. Fatalistisch erwarteten die Gemeinden von den Synoden und Kirchenleitungen einen Ausweg aus ihren Identitätskrisen. Und die Kirchenführung sah, mit anderen Dingen beschäftigt, über die Trostlosigkeit der Ortsgemeinden hinweg.

Kirchliche Mitarbeiter und Gemeindeglieder mußten oftmals den Eindruck gewinnen, daß zwar mit dem Staat ein konstruktiver Dialog geführt wurde, Offenheit und Vertrauen sichtbar waren und eine Kooperation positive Ergebnisse brachte, daß aber für die konkreten Nöte und Sorgen der Gemeinden nur billige Bibelsprüche und Durchhalteparolen als Trost zur Verfügung gestellt wurden. Beschämend mußte die Konferenz der Kirchenleitungen 1986 zugeben: "So haben Mitglieder von Leitungsgruppen (Kirchenleitende Organe) kaum noch Anteil an bedrückenden Erfahrungen von Gemeindegliedern in schrumpfenden Gemeinden." (80)

---

(79)   79 Bericht der KKL auf der Bundessynode vom September 1987 in Görlitz. In: Mitteilungsblatt des Bundes vom 1.9.88, S.37.

(80)   Bericht der KKL auf der Bundessynode vom September 1986 in Erfurt. In: Mitteilungsblatt des Bundes vom 16.10,87, S.3.

Fatalismus: Innerhalb der Kirchen wird die Entfremdung der Leitung von der Basis zum Spiegel der gesellschaftlichen Verhältnisse des Sozialismus. Die Resignation in der Kirche potenzierte eigentlich nur die Resignation der Gesellschaft. Der Fatalismus der Kirchengemeinden war somit überwiegend Ausdruck einer sozialistischen Lebensweise, die von Passivität und Unterwerfung, von Depressivität und Hilflosigkeit gekennzeichnet war. Eine Kirche im Sozialismus konnte nur "Kirche im Sozialismus" sein, nicht mehr und nicht weniger. Aus der Auftragsbestimmung dieser Kurzformel, wurde ein Wesensmerkmal.

Wenige Wochen vor dem Zusammenbruch des Sozialismus formuliert die Synode des Bundes: "Wir stellen fest, daß unser Reden viele nicht mehr erreicht. ... Uns gelingt es nur schwer, die Hoffnung zu vermitteln, die uns Christen gegeben ist, und auf den vom Evangelium eröffneten Weg einzuladen, der jeden zur Erfüllung seines Lebens führt. ... Der Gegensatz zwischen Anspruch und Wirklichkeit unseres Kirchenseins steht uns vor Augen." (81)

4.3.3. Erneuerung von Unten

Strukturwandlung: Mit dem Zerfall der kirchlichen Traditionen innerhalb der Landgemeinden, die bis dahin die Stütze eines Volkskirchenkonzeptes waren, ergab sich aber auch eine grundlegende Strukturwandlung. Die Kirche kehrte in die Stadt zurück, denn nur dort, so schien es, konnte Hoffnung auf einen Wandlungsprozess gefunden werden, der den Christen in der DDR Mut und Kraft gab, der zersetzenden Resignation zu widerstehen.

---

(81) Beschluß der Synode des BEK vom September 1989 in Eisenach. In: G.Rein (Hrsg),a.a.O. S.215

Von der Amtskirche, die über Jahre hinweg nicht in der Lage war den Gemeinden mit Wort und Tat über ihre Enttäuschungen wirksam hinwegzuhelfen, spalteten sich zwei grundsätzlich verschiedene und in ihrer Erscheinung diametral entgegengesetzte Richtungen ab. Einmal war das die charismatische Erneuerungsbewegung, die mit religiöser und pietistischer Verinnerlichung gemeinschaftliche Strukturen aufbauen wollte, und zum anderen die Basisgruppen, welche die Weltverantwortung des einzelnen Christen mit politischer Opposition gegen Staats- und Kirchenhierarchie zur Geltung bringen wollten.

Charismatiker: Die charismatische Erneuerungsbewegung (charismatische Gruppen, Geistliche Gemeindeerneuerung, landeskirchliche Gemeinschaften) geriet mit den bestehenden Strukturen der Kirche und der Gesellschaft in nur geringe Konflikte. Da sie grundlegend unpolitisch war und primär die Erneuerung des inneren Menschen mit einer verbindlichen persönlichen Christusnachfolge anstrebte, wurde sie toleriert und zum Teil gegen die Basisgruppen ausgespielt. Verdächtig machte sie sich nur, weil sie nach außen den Anschein eines konspirativen und von der Amtskirche unkontrollierten Zusammenschlusses erweckte. (82)

"linke Gruppen": Die schillernde Vielfalt der sogenannten Gruppen (Basisgruppen, Friedensbewegung, Ökogruppen usw.) bereitete der Kirche und dem Staat erhebliche Schwierigkeiten. Sie ließen sich nicht ohne weiteres in die althergebrachten Vorstellungen von Kirchlichkeit, Christlichkeit oder Parteilichkeit einordnen. Da es um diese Gruppen aber immer wieder Streit und öffentlichkeitswirksame Konfrontationen gab, hatten sie einen großen Zulauf besonders aus der jüngeren Generation zu

---

(82) Vgl. Bericht des Vorsitzenden der KKL vom September 1989 in Eisenach. In: Mitteilungsblatt des Bundes vom 20.10.89, S.38.

verzeichnen. Oftmals füllten tausende Menschen die Kirchen und es war besonders bei Musikveranstaltungen (Bluesmessen) zu erleben, daß nicht einmal die großen Stadtkirchen ausreichten, um dieser neuen kirchlichen Lebensäußerung Platz zu geben.

Kerngemeinde: Dennoch war der Einfluß der charismatischen Bewegung und der Basisgruppen auf die herkömmliche kirchliche Arbeit gering. Sie selber standen sich verständnislos und vollkommen ablehnend gegenüber. Und die "evangelische Kerngemeinde", in die die geistlich bewegten und sozial engagierten Gruppen ihre Impulse der Kirchenerneuerung hineintragen wollten, empfand diese neuen Bewegungen für ihr lutherisches und obrigkeitshöriges Selbstverständnis als eine Zumutung. Bei den Anhängern der Bewegungen konnte die allgemeine Resignation gedämpft werden, bei den Gemeinden bestand sie jedoch fort. (83)

4.3.4. Neue EKD

Zusammenwachsen: Der gescheiterte Sozialismus konnte nach der Wende nicht mehr zur Positionsbeschreibung der Kirchen herangezogen werden. Das DDR-kirchliche Selbstverständnis stand im luftleeren Raum. Eine Kirche im Sozialismus ohne die Existenz des Sozialismus warf Fragen auf, die nicht nur die zukünftige Entwicklung betrafen, sondern auch die kirchliche Vergangenheit kritisch beleuchten mußten.

In einer besonderen Situation stand dabei die Kirche in Berlin-Brandenburg. Die Ost- und Westregion war kirchenrechtlich eine Kirche geblieben. Sobald die Situation, die ein Zusammenkommen der leitenden Kirchenführer verhinderte, aufgehoben

---

(83) Vgl. Beschluß der Synode des BEK vom September 1989 in Eisenach. In: G.Rein (Hrsg), a.a.O. S.215.

war, hatte der an Jahren älteste Synodalpräsident entsprechend ihrer Notverordnung eine gemeinsame Synode einzuberufen.

Auf dieser ersten Synode der Ost-West Region wurde das Problem der Kirche im Sozialismus aber nicht angesprochen. Im Mittelpunkt standen juristische Fragen. Ohne Vergangenheitsbewältigung ging man geschäftig - aber irritiert an die Probleme der gemeinsamen Zukunft heran. (84)

Probleme: Führende Vertreter der EKD und des BEK sprachen sich am 17.1.1990 in Loccum für ein Zusammenwachsen der seit 1969 getrennten Kirchen aus. Es wurde eine gemeinsame Kommission vereinbart, die im Mai dann faktisch als ein gesamtdeutsches evangelisches Leitungsgremium auftrat. Die Unterschiede zwischen der EKD-Grundordnung und der DDR-Kirchenbundsatzung mußten aufgearbeitet werden. Schwierige Fragen waren darüber hinaus die Kirchensteuererhebung, der Religionsunterricht an öffentlichen Schulen und der Militärseelsorgevertrag. (85)

Vereinnahmung: Die Loccumer Erklärung mit ihrer kirchlichen Neuvereinigung war aber nicht unumstritten. In einer "Berliner Erklärung von Christen aus beiden deutschen Staaten" wird vor einem neuen Nationalismus, einer Verdrängung der Geschichte und einer Vereinnahmung der DDR mitsamt ihrer Kirchen gewarnt. "Es darf nicht geschehen, daß nach dem Aufbruch des DDR-Volkes zur Selbstbestimmung und einen neuen Selbstbewußtsein eine neue Fremdbestimmung an die Stelle der SED-Herrschaft tritt. ... Wir müssen der irreführenden Alternative von Kapitalismus und Sozialismus widerstehen, die das deutsch-deutsche Gespräch immer stärker beherrscht. Im konziliaren Prozeß für Gerechtigkeit, Frieden und Bewahrung der Schöpfung ist unübersehbar geworden, daß beide Systeme nicht

---

(84)   Vgl. "Berliner Sonntagsblatt" vom 25.3.90, S.1f.
(85)   Vgl. "Berliner Sonntagsblatt" vom 24.6.90, S.1.

in der Lage waren, die Frage des Überlebens der Menschheit und der Erde zu beantworten." (86)

Identitätswahrung: Auf der Synode des BEK vom Februar 1990 wurde dann eine gemäßigte Gangart zur Vereinigung der Kirchen angestrebt. Keine Seite sollte ihre Identität aufgeben müssen. Die Synodalen waren oberflächlich mit der Vergangenheit beschäftigt, machten sich Sorgen um die soziale Entwicklung und um die "menschliche Wärme" in der DDR und fragten sich, was als Eigenes in einer größeren Gemeinschaft bewahrt werden müßte. (87)

Verzögerungen   Eine Kommission von EKD und BEK nahm dann im Juni 1990 in Iserlohn ihre Beratungen auf, um die Schritte zur Zusammenführung der beiden Kirchen zu präzisieren. Damit wurde faktisch wieder ein gesamtdeutsches evangelisches Leitungsgremium geschaffen, jedoch machte die eigentliche Vereinigung der Kirchen keine Fortschritte.

Mitglieder dieser Leitung wurden von der Westseite der EKD-Ratsvorsitzende und Westberliner Bischof M. Kruse, Bischof H.-G. Jung, Präses Schmude, Altbischof H. von Keler und Oberkirchenrat W. Hofmann und auf der Ostseite der Kirchenbund-Vorsitzende und Magdeburger Bischof C. Demke, Landesbischof J. Hempel, Konsistoriumsleiter H.-M. Harder, R. Cynkiewicz, und B. Klingbeil. (88)

Die bewußte Verzögerung der kirchlichen Einheit konnte aber angesichts der politischen Realitäten nicht lange durchgehalten werden.   Der Vorsitzende des DDR-Kirchenbundes

---

(86)   Berliner Erklärung von Christen aus beiden deutschen Staaten vom 9.2.90 (Ökumenischer Initiativkreis, Duchrow/Falcke/Garstecki/Raiser) vgl. auch dagegen "Deutsche Allgemeine Sonntagsblatt" vom 2.3.90, S.17.

(87)   Vgl. Entschließung der Synode des BEK (23-25.2.90) in: "Berliner Sonntagsblatt" vom 4.3.90, S.6.

(88)   Vgl. "Berliner Sonntagsblatt" vom 24.6.90, S.1.

Bischof Demke rechnete noch im Juni 1990 mit einem Zeitraum von fünf Jahren bis zur endgültigen Kircheneinheit. Diese künstlich auf rechterhaltene Trennung stieß aber bei fast allen evangelischen Christen auf Unverständnis. Die entscheidende Phase des deutschen Einigungsprozesses lief somit ohne Beitrag der evangelischen Kirche ab. Erst nach der staatlichen Vereinigung wurde auf der Herbstsynode der EKD in Travemünde eine schnellere Gangart eingelegt. Ende 1991 sollten die Kirchen vereinigt sein. (89)

4.4.1. status confessionis

Friedensfrage: Schon seit der Friedenssynode von Berlin-Weißensee im Jahre 1950 stand das Friedensproblem mit der umfassenden Frage "Was kann die Kirche für den Frieden tun?" in der theologischen Diskussion. Wie sich aber theologische Erkenntnis und politische Einsicht sachgemäß miteinander verbinden lassen, um dann wirksam werden zu können, war lange Zeit umstritten.

Die Probleme, die sich aus der Eskalation des atomaren Wettrüstens und aus dem Verteidigungskonzept der Abschreckung ergaben, zwangen die Kirchen in den siebziger und achtziger Jahren, Entscheidungen zu treffen. Es hatte sich gezeigt, daß die allgemeine Krise auf einer Krise der politischen und moralischen Werte beruhte und damit eine Herausforderung für die Kirchen wurde. Die Vollversammlung des Ökumenischen Rates der Kirchen hat dann im Dezember 1975 (Nairobi) dem neuen Friedensgespräch wichtige Impulse gegeben. Der Rat der EKD und der Bund der Ev. Kirchen in der DDR bemühten sich um gemeinsame Aussagen und Schritte in der Friedensfrage und

---

(89) Vgl. "Berliner Sonntagsblatt" vom 9.9.90, S.1f und "Tagesspiegel" vom 6.11.90, S.7.

veröffentlichten 1979, zum 40. Jahrestag des Beginns des Zweiten Weltkrieges, ein gemeinsames Wort zum Frieden.

Bekenntnisfrage: Als im Juni 1982 die Erklärung des Reformierten Moderamens in der BRD die Friedensverantwortung mit dem status confessionis in Verbindung brachte, wurde erneut eine komplexe politische und theologische Diskussion ausgelöst. "Angesichts der Bedrohung des Friedens durch die Massenvernichtungsmittel ... erkennen wir: Die Friedensfrage ist eine Bekenntnisfrage. Durch sie ist der status confessionis gegeben, weil es in der Stellung zu den Massenvernichtungsmitteln um das Bekennen oder Verleugnen des Evangeliums geht. ... Es ist zwar Aufgabe des Staates, für Recht und Frieden zu sorgen und das Leben seiner Bürger zu schützen. Aber Massenvernichtungsmittel zerstören, was sie zu verteidigen vorgeben. Ihnen gilt vonseiten der Christen ein aus dem Bekenntnis zu Gott dem Schöpfer, Versöhner und Erlöser gesprochenes bedingungsloses 'Nein', ein 'Nein ohne jedes Ja" (90)

Damit war die Formel "Friedensdienst mit und ohne Waffen", die von den Staaten in Ost und West für ihre jeweilige Machtpolitik als moralische Stütze ausgenutzt wurde, disqualifiziert.

christliche-Existenz: Inwieweit politische Entscheidungen auf die Ebene von Bekenntnisfragen gebracht werden können, wurde für die Kirchen in der Bundesrepublik und für die Kirchen in der DDR zum schwierigen Problem, denn anders als bei der Entscheidung zur Politik der Apartheid mußten hier Konsequenzen für die Christen in beiden deutschen Staaten gezogen

---

(90) "Das Bekenntnis zu Jesus Christus und die Friedensverantwortung der Kirche". Das Moderamen des Reformierten Bundes (in der BRD). Eine Erklärung, angenommen am 12.6.1982. In: G.Krusche, a.a.0. S.144. Vgl. auch die zurückhaltende Stellung der EKD in der Denkschrift von 1981 "Frieden wahren, fördern und erneuern", Hrsg von d.Kirchenkanzlei d.EKD, Gütersloh 1981.

werden. Das alte Dilemma aus den Fünfziger Jahren war wieder auf der Tagesordnung. Nur ging es diesmal nicht nur um die Militärseelsorge der Kirchen, sondern um die christliche Existenz jedes einzelnen Kirchenmitglieds. (91)

Die kirchlichen Basis- und Friedensgruppen in der DDR übernahmen die Erklärung des Moderamens und setzten dann, gegen den erheblichen Widerstand des Staates, diesen status confessionis durch. Wehrdienstverweigerung mußte gegenüber dem Dienst mit der Waffe von den DDR-Kirchen als adäquateres christliches Friedenszeugnis anerkannt werden.

Befreiungstheologie: Die Verantwortung des einzelnen Staatsbürgers für die Erhaltung des Friedens wurde von der DDR-Politik zwar ständig betont, in der Praxis aber so gehandhabt, daß sie zur Unmündigkeit und Farce verkam. Es entstand daraufhin eine unabhängige Friedensbewegung in der DDR. "Die immer stärker werdende Militarisierung des gesellschaftlichen Lebens und die totale Vereinnahmung und Bevormundung des einzelnen durch die 'Friedenspolitik' der DDR lösten einen Prozeß aus, eine Bewegung des Protestes, des Suchens nach alternativen Wegen zum Frieden." (92)

Diese Basisbewegung, die mit wichtigen theologischen Prämissen der ökumenischen Bewegung im Einklang stand, kann als Ausdruck einer latenten Befreiungsbewegung angesehen werden. Sie ließ sich schon bald nicht mehr von Staat und Kirchenhierarchie auf das Thema Ruhe und Frieden begrenzen, sondern stellte den Zusammenhang von Frieden und Gerechtigkeit in das Zentrum ihres politischen Denkens und Handelns. Der "faule Friede" der DDR-Gesellschaft und damit der Status quo der gesellschaftlichen Verhältnisse wurde konsequent in Frage

---

(91)   Vgl. Evangelische Kirche und freiheitliche Demokratie. Denkschrift der EKD Gütersloh 1985, S.46.

(92)   D.Linke, a.a.0. S.201.

gestellt. (93) Anders als die Kirchen, die erst ab 1984 gegen "Geist, Logik und P r a x i s der Abschreckung" votierten und 1985 das Thema der Friedensdekade "Frieden wächst aus Gerechtigkeit" benannten, wurde in der unabhängigen Friedensbewegung bereits Jahre früher formuliert: "Das Suchen nach dem Frieden in der ganzen Welt kann nicht losgelöst vom Fragen nach dem Frieden im eigenen Land, nach gerechteren Verhältnissen und Strukturen in der eigenen Gesellschaft erfolgen." (94)

Die Friedensfrage wurde lange Zeit von der SED benutzt, um den Problemen der Ungerechtigkeit innerhalb der DDR-Diktatur aus dem Wege zu gehen. Dem Bündnispartner Kirche wurde deshalb auch bis zur Entstehung der unabhängigen Friedensbewegung ein Mitspracherecht zu Friedensfragen eingeräumt. Als sich aber in Übereinstimmung mit der ökumenischen Entwicklung die Erkenntnis durchsetzte, daß Frieden ohne Gerechtigkeit nicht Frieden genannt werden kann, führte diese theologische Herausforderung die Kirchen in kontinuierliche Konflikte mit den gesellschaftlichen Machtträgern. Die kirchliche Friedensbewegung und die aus ihr entstandenen Basisgruppen waren bei diesem Prozeß der treibende Motor. (95)

4.4.2. Friedenserziehung

Friedensaufgabe: Der Bund gab im Jahre 1979 eine Erklärung zur weltpolitischen Situation ab, in der er anzweifelte, daß die vorhandenen politischen Mittel ausreichen würden, die Krisensituationen der Welt zu meistern und den Frieden zu erhalten. Das internationale Klima ließ deutliche Symptome der Destabilisierung erkennen und forderte die Kirchen heraus, sich

---

(93) Vgl. Grenzfall, a.a.0. S.VII.
(94) Vgl. D.Linke, a.a.0. S.203.
(95) Vgl. A.Mitter (Hrsg), a.a.0. S.57f

für eine verstärkte Entspannungspolitik einzusetzen. Sie nahmen deshalb für sich in Anspruch, einen "eigenen, unverwechselbaren Auftrag zu haben, zum Frieden zu helfen". (96)

Diese Friedensaufgabe, wurde nicht nur als kirchenpolitische oder humanistische Forderung verstanden, sondern "folgt grundsätzlich und unmittelbar aus der Verkündigung des Evangeliums" (97). Sie wurde als eine der wichtigsten Herausforderung an ihr Zeugnis und ihren Dienst interpretiert und sollte praktische Auswirkung haben.

Wort zum Frieden: In dem gemeinsamen "Wort zum Frieden" hatten zum 40. Jahrestag des Beginns des zweiten Weltkrieges der BEK und die EKD die Gemeinden in Deutschland zur Besinnung aufgerufen und eine konsequente Erziehung zum Frieden gefordert. "Die Erziehung wird sich darauf richten müssen, dem Gefühl der Ohnmacht entgegenzuwirken und zur friedlichen Lösung von Konflikten zu befähigen, im persönlichen Bereich ebenso wie im Umgang der Staaten miteinander. Laßt uns für den Frieden in der Welt denken, arbeiten und beten." (98)

Erziehung zum Frieden: Im September 1980 wurde dann in den DDR-Kirchen das bereits zwei Jahre vorher beschlossene Studien- und Aktionsprogramm "Erziehung zum Frieden" konkretisiert und von der Konferenz der Kirchenleitungen gebilligt. Ein Rahmenkonzept gab einen Überblick über Aufgaben, Inhalte

---

(96) Erklärung der KKL zur gegenwärtigen weltpolitischen Situation für die Delegation des BEK für die Konsultation des Ökumenischen Rates der Kirchen mit Mitgliedskirchen aus sozialistischen Ländern Europas (28.-31.1.80 in Budapest). In: Kirche als Lerngemeinschaft, a.a.O. S.263.

(97) A.a.O. S.264. Und vgl. Rahmenkonzept "Erziehung zum Frieden" in: Kirche als Lerngemeinschaft, a.a.0. S.266-275, hier 267: Inhaltliche Schwerpunkte der Friedenserziehung Pkt.3.

(98) "Wort zum Frieden" (BEK und EKD) In: Kirche als Lerngemeinschaft, a.a.0. S.261.

und Ebenen der Friedenserziehung. Allein schon mit der Definition der Begriffe "Frieden" und "Erziehung" waren die Konflikte in der politischen und ideologischen Auseinandersetzung mit dem Staat vorprogrammiert.

Die theologischen Fragestellungen und Problemlösungen wurden, anders als beim Antirassismusprogramm, mit Konsequenzen für das Christsein in der DDR-Gesellschaft formuliert und führten dann zur eigenständigen, daß heißt vom Staat und zum Teil auch von den administrativen Kirchenleitungen losgelösten Friedensbewegung der DDR.

Information, Reflexion und Handlungsanweisung wurden dann die drei Eckpfeiler einer kirchlichen Friedensstrategie (99) und bildeten den Rahmen der "Erziehung zum Frieden". Vielfältige Initiativen, kirchliche Gruppen und theologische Ausschüsse beschäftigten sich fortan mit dem Thema Frieden und dem politischen Wirken von christlichem Friedensdienst.

politische Verantwortung: In dem "Wort zum Frieden" des BEK und der EKD wird das Ziel der Friedenserziehung lediglich auf den zwischenmenschlichen und auf den internationalen Bereich fixiert. Das Rahmenkonzept "Erziehung zum Frieden" schließt jedoch die gesellschaftliche Ebene als gleichberechtigt neben den beiden anderen Bereichen ein.

"Friedenserziehung setzt sich auseinander mit allen Formen von Unfrieden, Ungerechtigkeit, Gewalt und Unfreiheit in der Gesellschaft. Sie findet in der eigenen Gesellschaft einen bevorzugten Ort des Lernens und der Veränderung, weil Frieden hier auf vielfältige Weise als Aufgabe erlebt werden kann und die Folgen von Friedlosigkeit nicht überwiegend anonym bleiben wie auf der globalen Ebene."(100) Die politische Verantwortlich

---

(99) Vgl. Günter Krusche: Bekenntnis und Weltverantwortung. A.a.0. S.156.
(100) Rahmenkonzept "Erziehung zum Frieden" in: Kirche als Lerngemeinschaft, a.a.O. S.266-275, hier S.268.

keit des einzelnen Christen erreichte damit eine neue Dimension und konnte nicht mehr vom Staat oder kirchlichen Amtsträgern theologisch legitim okkupiert werden.

4.4.3. Gesellschaftsveränderung

Mündigkeit: Mit der Forderung, daß Friedenserziehung im Blick auf die gesellschaftliche Ebene vor allem Erziehung zu Mündigkeit und Verantwortung sein soll und Hilfestellung geben muß, den Menschen aus seiner Gleichgültigkeit zu wecken und kritikfähig zu machen, wurde eine unmittelbare Gesellschaftsverantwortung und Gesellschaftsveränderung anvisiert. (101)

Innerhalb der Friedenserziehung sollte Wissen vermittelt, Einstellung verändert und zum Handeln befähigt werden. Damit stand dieses Konzept im krassen Gegensatz zu der von Staat und Partei angestrebten unmündigen Gesellschaft der DDR, in welcher der einzelne Bürger, besonders in der Stagnationsphase der achtziger Jahre, durch Propaganda, Lüge und Subalternität vom eigenständigen Handeln abgehalten werden sollte.

Verantwortung: Der gesellschaftsverändernde Impuls innerhalb der kirchlichen Friedensbewegung der DDR erwies sich dann auch nach der Resignationsphase, die bedingt durch die Stationierung der amerikanischen Mittelstreckenraketen die europäische Friedensbewegung erfaßte, als stark genug, um in anderen Bereichen (Ökologie, Menschenrechte, politische Opposition) weitergeführt zu werden. Er fand dann in den drei Ökumenischen Versammlungen von Kirchen und Christen der DDR zu "Gerechtigkeit, Frieden und Bewahrung der Schöpfung" und

---

(101) Vgl. a.a.0. S.269.

besonders in den Basisbewegungen der kirchlichen Gruppen seinen stärksten Niederschlag.

"Angesichts der Verheißung des Reiches Gottes gehört es zu unseren Auf gaben, unser kirchliches und gesellschaftliche Zusammenleben daraufhin zu überprüfen, wo sich ungerechte, unmenschliche und unsoziale Strukturen und Verhaltensweisen finden. ... Die Christen werden ermutigt, in ihrer persönlichen und gesellschaftlichen Umgebung Schritte zu mehr Gerechtigkeit zu gehen und bereit zu sein, dafür auch Opfer zu bringen und Nachteile auf sich zu nehmen." (Ökumenische Versammlung April 1989) (102)

Befreiungstheologie: Die gesellschaftspolitische Bedeutung der Ökumenischen Versammlung und der kirchlichen Basisgruppen war zwar gering, aber während des Zusammenbruchs der SED-Herrschaft konnte alleine hier an vorgedachte und gesellschaftsverändernde Konzepte angeknüpft werden. Dadurch bekam die Kirche insgesamt, wenn auch ungewollt so doch notwendig, über ihre theologische Reflexion des Reiches Gottes hinaus, eine praktische Befreiungstheologie aufgesetzt. (103)

friedliche Wende: Die Kirchenleitungen versuchten zwar ihre staatstragende Funktion bis zum Schluß aufrechtzuerhalten und zu legitimieren, jedoch waren ihnen auf Grund der Eigendynamik der "revolutionären" Prozesse und auf Grund der theologischen Festlegungen zur Friedensfrage die Hände gebunden. Sie mußten mit ansehen, daß viele kirchliche Mitarbeiter und Pfarrer plötzlich zu Politikern wurden, weil kaum jemand da war, der sonst hätte Politik machen können. Die ersten Grün

---

(102) "Mehr Gerechtigkeit in der DDR - unsere Aufgabe, unsere Erwartungen" Ökumenische Versammlung vom April 1989 in Dresden. In: G.Rein (Hrsg), Die Opposition in der DDR, Berlin 1989, S.211.

(103) Vgl. Ehrhart Neubert: Eine protestantische Revolution. A.a.0. S.713.

dungen von oppositionellen Parteien und Bewegungen hatten in ihren Programmatiken deshalb überwiegend christliche und theologische Entwürfe als Ausgangspunkte berücksichtigt.

Die Friedlichkeit der Wende ist somit nicht nur ein Ergebnis des dämpfenden Einflusses der Kirchenleitungen und der Ohnmacht des Staates, sondern auch eine Auswirkung der Theologie, die mit ihrer christlichen Friedenserziehung nun zum Tragen gekommen war.

Protestantismus: "Im Laufe der Herbstrevolution war in den Fragen der individuellen Menschenrechte keine Instanz in der Gesellschaft wirksam, die eine mit den Evangelischen Kirchen vergleichbare Tradition aufzuweisen gehabt hätte. Die Erwartungshaltung in der Bevölkerung versetzte die Protestanten in den oppositionellen Gruppierungen und in den Kirchen in die Lage, an ihr eigenes Erbe anzuknüpfen und es lebendig werden zu lassen." (104)

Die im Protestantismus entwickelten und überlieferten kulturellen Muster (Liberalismus, Menschenrechte, Aufklärung, rationale Wirtschaftsführung des Kapitalismus) waren mit dem Stalinismus und dessen religiös erscheinender Dogmatik unverträglich. "Dadurch hatte der Protestantismus in der DDR noch einmal die große Chance als Medium der Rationalisierung, der Entzauberung, der Entmythologisierung und der Aufklärung auftreten zu können." (105)

revolutionäre Katastrophe: Gleichzeitig setzte aber auch eine Kapitalismuskritik ein. Die neuen Abhängigkeiten und Unfreiheiten der westlichen Konsumgesellschaft sollten nicht in die "reformierte DDR" übernommen werden. Als sich dieser Wunsch nach einer eigenständigen DDR infolge der Maueröffnung als Illusion erwies, gerieten die einzelnen Gruppen, die in

---

(104) A.a.0. S.710.
(105) A.a.0. S.712.

der Befreiungsbewegung eine treibende und intellektuelle Kraft waren, in die gesellschaftliche Bedeutungslosigkeit. Die Wende wurde von ihnen als Revolution bezeichnet, aber als Katastrophe empfunden und die Kapitalismuskritik konnte nur noch theoretisch weitergeführt werden.

4.4.4. Schuldfrage

Rechtgläubigkeit: Die Kirchen in der DDR hatten durch vielfache Loyalitätserklärungen und durch die Übernahme politischer Verpflichtungen den sozialistischen Verhältnissen erheblich Vorschub geleistet. Als Bündnispartner ist die Kirche im Sozialismus der DDR für die Partei und Staatsmacht unersetzlich gewesen, denn nur die Kirche konnte als bürokratische Institution den radikalen Humanismus der Bergpredigt als Orientierungsgröße für eine mögliche Opposition relativieren.

Staatspartei und Landeskirchen haben sich gegenseitig ihrer Rechtgläubigkeit versichert und spätestens ab 1978 in einer ideologisch-moralischen Arbeitsteilung die DDR gegen Reformen von unten abgesichert. "Rückblickend kann man ohne Übertreibung die von Staat und Kirche damals ausgehandelten Kompromisse als neue Strukturbildung innerhalb des politischen Systems des Sozialismus verstehen, die es in der Folgezeit ermöglichte, die wechselwirkend mit dem Helsinkiprozeß und den Moskauer Reformen im deutschen Staatssozialismus aufbrechenden Konflikte zu beherrschen." (106)

Selbstgefälligkeit: Der Umgang mit der Schuldfrage wurde deshalb nicht leicht und geschah überwiegend nur halbherzig. Die Konferenz der evangelischen Kirchenleitungen ließ am 8.12.1989 verlauten: "Niemand, auch wir nicht, können unsere Hände in Unschuld waschen. Das sagen wir als evangeli

---

(106) R.Henrich, a.a.0. S.234.

sche Kirche von uns selbst. Wir haben schon vor Jahren öffentlich geredet als viele noch schwiegen. Aber wir haben auch oft geschwiegen, wo wir hätten reden sollen." (107)

Auf der Kirchenbundsynode Ende Februar 1990 war dann die Darstellung des zurückgelegten Weges unkritisch und selbstgefällig. (108) Von Schuld war überhaupt nicht mehr die Rede. In einer Entschließung war lediglich in einem Satz zu vernehmen: "Zu unserer Identität gehören aber auch die Versäumnisse und Fehler, die wir im Laufe unserer Geschichte begangen haben und die uns wohl nur zum Teil bewußt sind." (109)

Die gemeinsame Synode der Evangelischen Kirche in Berlin-Brandenburg im März 1990 war nicht einmal zur Formulierung solch eines Satzes in der Lage. Eine Vergangenheit, in der gerade die Ostregion dieser Landeskirche in der rigidesten Art und Weise die ihr vom Staat übertragende ordnungspolitische Aufgabe erfüllte und sich die Westregion in brüderlicher Eintracht mit Schweigen bedeckte, - eine solche Vergangenheit gab es nicht. (110)

Eingeständnisse: Die Kirchenprovinz Sachsen nahm die Schuldfrage auf: ".... unser Versuch 'Kirche im Sozialismus' zu sein, bedarf unserer gründlichen Besinnung darauf, worin wir versagt und was wir aus den Erfahrungen dieses Weges zu lernen und weiterzuführen haben. .. .Die Ehrlichkeit gegenüber unserer Geschichte zwingt uns, unsere eigene Verstrickung durch Tun und Unterlassen, durch unklares Reden oder ängstliches Schweigen, durch Gutgläubigkeit oder Vorteilsnahme einzuge

(107) Wort der KKL der DDR vom 8.12.90. In: "Berliner Sonntagsblatt" vom 17.12.89, S.4.
(108) Vgl. "Berliner Sonntagsblatt" vom 4.3.90, S.2.
(109) A.a.0. S.6.
(110) A.a.0. vom 25.3.90, S.6.

stehen. ... Wir alle bedürfen der Heilung von allem, was uns deformiert hat." (111)

Erst Ende April 1990 gab es auf der Synode der Ostregion der Berlin-Brandenburgischen Kirche heftige Debatten über die Rolle der Kirche vor und beim Umbruch der DDR. Bischof Forck gestand ein, daß es eigentlich die kirchlichen Basisgruppen waren, die das "gute Ansehen der Kirche" begründet haben. Wenn überhaupt von einem Verdienst der Kirche geredet werden kann, dann in dem Sinne, daß diese Gruppen trotz aller Schwierigkeiten nicht aus der Kirche herausgedrängt wurden. Das repressive Verhalten von Repräsentanten der Kirche gegenüber Mitgliedern dieser Gruppen und gegenüber Ausreisewilligen und das gleichzeitig wohlwollende Verhalten gegenüber dem Staat wurde der Kirchenleitung als Schuld vorgehalten. (112)

Rechtfertigung: Für die Art und Weise der Schuldbewältigung kann Manfred Stolpe, seit der Gründung des Kirchenbundes in führender Position, Konsistorialpräsident der Berlin-Brandenburgischen Kirche und später Ministerpräsident des Landes Brandenburg, exemplarisch zitiert werden:

"Wir haben immer, bei unseren Bemühungen Freiraum zu schaffen in der ehemaligen DDR-Gesellschaft, uns kritisch zu prüfen gehabt, ob wir die Nähe zum Staat, die das Verhandeln ja erfordert - man muß ja mit den Gefängnisaufsehern reden, wenn man etwas für die Gefangenen erreichen will - daß wir dabei nicht eine zu große Nähe haben, die nach außen mißverständlich war.

Dies ist eine ständige Gefahr gewesen, der sind wir streckenweise in der Optik erlegen, das muß so gesehen werden.

---

(111) Beschluß der Synode der Kirchenprovinz Sachsen zum Abschluß ihrer Tagung vom 15.-17.3.90 in Magdeburg. In "Berliner Sonntagsblatt" vom 25.3.90, S.6.

(112) Vgl. "Berliner Sonntagsblatt" vom 27.4.90, S.1f. und vom 6.5.90, S.2.

Und wir haben uns bemüht, diese Balance zu halten, die Menschen, um die es ging, auch die für die damalige Gesellschaft auflüpfigen Menschen, aber nicht loszulassen, nicht alleinzulassen, bei ihnen zu bleiben.

Im Nachhinein, würde ich sagen, schwerwiegende Fehler, die das Vertrauen zur Kirche erschüttert hätten, und darum wäre es ja im Wesentlichen gegangen, die die Botschaft der Kirche verdunkelt hätten, hat es nach meinem Eindruck nicht gegeben. Im Einzelfall schon mal Schwächen, ganz sicher, aber im ganzen ist es doch eine Kirche bei den Menschen gewesen." (113)

Persilschein und Wendehälse: Die Kirche suchte einen neuen "Persilschein". Die Verdrängung der Schuld wurde deshalb bewußt oder unbewußt unterstützt. Der Kirchenpolitiker M. Stolpe schaffte es innerhalb weniger Monate in seinen Reden aus dem gewachsenen Vertrauensverhältnis zwischen Staat und Kirche eine "Christenverfolgung" zu machen und die Repräsentanten eines Staates, dem die Kirche noch im Juni 1989 eine gute Entwicklung wünschte, zu "Gefängnisaufsehern" zu erniedrigen.

Der Theologe Heino Falcke hatte bereits im November 1989 gewarnt: "Es gibt keine Befreiung ohne Auseinandersetzung mit der Vergangenheit. "... Diese Befreiung zum offenen Umgang mit der Schuld sollte von uns Christen ausgehen. Wir sind ja nicht nur zur Anpassung, zur Heuchelei und zum Mitmachen gezwungen worden, w i r haben uns angepaßt, geheuchelt und mitgemacht. Darin können wir uns selbst nicht leiden, und nun sind wir in der Gefahr, die Abscheu am eigenen Verhalten auf die zu werfen, die uns dazu gedrängt haben." (114)

---

(113) M.Stolpe: Interview im ZDF (Sendung Kennzeichen D) vom 17.10.1990.
(114) H.Falcke: Die Kirchen sind jetzt die Politik nicht los. In: G.Rein (Hrsg), S.218-229, hier S.223.

Trauerarbeit: Daß das Problem der Schuldbewältigung eine immense Bedeutung für den weiteren Weg der Christen in einem vereinten Deutschland hat, und damit ist der Bogen zur Situation der Kirchen im Jahre 1945 gespannt, hat der DDR-Psychologe Maaz deutlich gemacht, wenn er nach der Wende schreibt:

"Man bedenke nur, mit welcher Leichtigkeit, trotz der abgrundtiefen Schuld des deutschen Volkes, die faschistische Lebensweise in die sozialistische übergegangen war: der Führerkult, die Massenaufmärsche, die religionsartigen Rituale und Fetische, der Fremdenhaß und die Feindbildmechanismen, der psychische Terror durch Bespitzelung, Ängstigung und Überwachung, das dummdreiste Spießertum und die Arroganz der Macht, die Verherrlichung von Stärke, Beherrschung, Disziplin und Ordnung, das verlogene Frauenbild, die falsche Mutterverehrung, die sexuelle Prüderie, die repressive Erziehung, die Gehirnwäsche - alles Charakteristika, die sowohl für die 'faschistische' wie auch für die 'stalinistische' Gesellschaftsstruktur typisch waren. Die faschistische Lebensweise ist praktisch ohne Bruch übernommen und fortgeführt worden."

Und so folgert der Psychologe: "Ich traue keiner 'Wende', solange nicht glaubhafte Zeugnisse des Versagens, der personalen Verantwortung und persönlichen Schuld zur Alltagskultur zählen. Ohne diese 'Trauerarbeit' werden unweigerlich alte psychische Strukturen ins neue Gewand gekleidet, die die Restauration der Verhältnisse erzwingen." (115)

Erblast der Wende: Die Fehler bei der Schuldbewältigung nach der Wende im Jahr 1989/90 waren oftmals zu vergleichen mit denen in der Nachkriegszeit nach 1945. Der Zusammen

---

(115) Hans-Joachim Maaz: Der Gefühlsstau. Ein Psychogramm der DDR. A.a.O. S.95.

schluß der Christen in einem vereinten Deutschland wird dadurch im voraus belastet. Auf die neue und zugleich alte EKD wirft die "Kirche im Sozialismus" ihre Schatten voraus. Diese "Kirche im Sozialismus" ist die Erblast einer plötzlichen Wende, die die offizielle DDR-Kirche nicht wollte, die sie trotzdem mitgehen mußte und die in den Köpfen der DDR-Bürger dennoch nie stattgefunden hat.

Politische, ökonomische und soziale Veränderungen belasten und befreien die Christen in der ehemaligen DDR. Die psychischen Strukturen dieser Menschen blieben dagegen unangetastet. Sie wurden bewahrt und in die Einheit eingebracht. Aus Buße und Umkehr wurde Selbstgerechtigkeit und eine Wende um 180 Grad. Die Kirchen konnten ihre mahnende Stimme über lange Zeit nicht erheben, denn der Knebel alter und neuer Schuld verstümmelte jeden Laut - in Ost wie in West.

alter und neuer Irrtum: Das Volk der DDR befand sich auf dem Weg des Irrtums, als es sich nach dem Mauerbau in der stalinistischen Diktatur einzurichten begann und seinen politischen Weg auf Autoritätshörigkeit und Untertanengeist gründete. Das psychische Elend, das daraufhin die Menschen in diesem Teil Deutschlands befiehl, ist eine Folge dieses Irrtums. Die Kirchen in Ost und West haben sich oftmals durch falsche Weisungen und durch falsches Schweigen solidarisch für diesen Irrtum verantwortlich gemacht. (116)

---

(116) Vgl. zur Stuttgarter Schulderklärung Karl Barth, zitiert aus Daniel Cornu a.a.O. S.92.

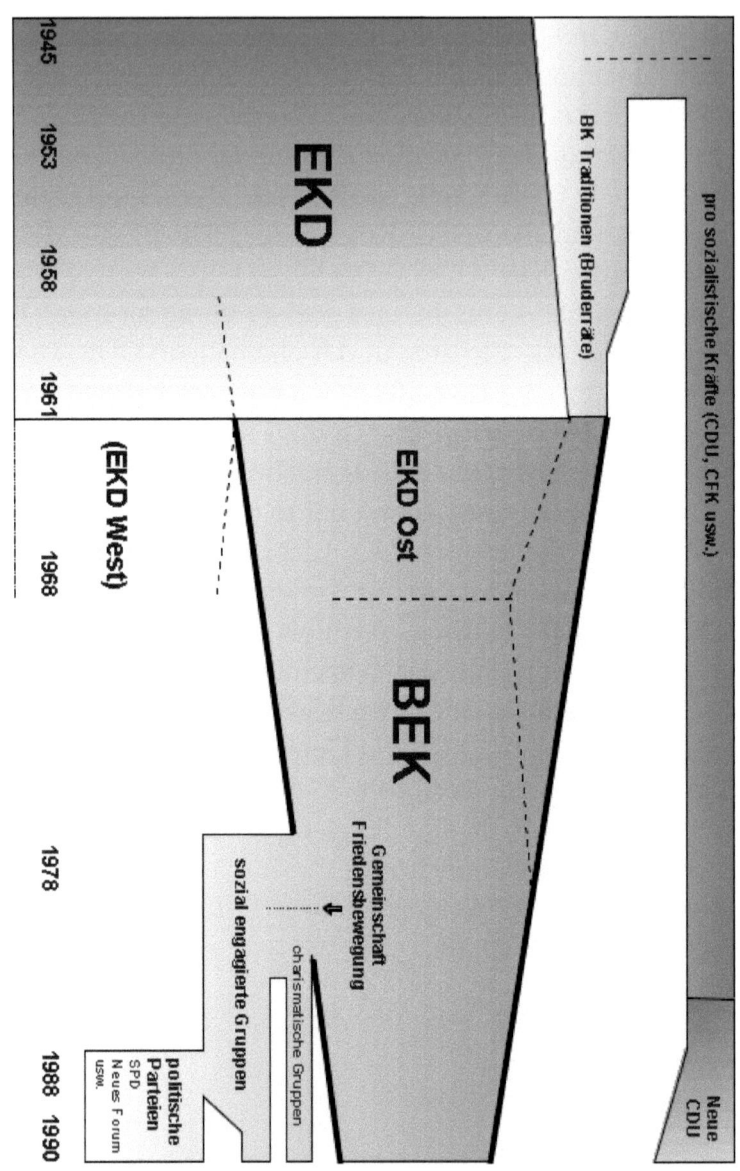

Schematische Darstellung des Weges der
"Kirche im Sozialismus" von 1945-1990

Personenverzeichnis

Hofmann, W [150],
Honecker, Erich [53], [80f], [85], [108], [119], [126], [129], [133]
Iwand, H.J. [40], [66],
Jacob, Günter [67f], [75],
Janka, Walter [46],
Jung, H.-G. [150],
Keler von, H. [150],
Klier, Freya [139],
Klingbeil, B [150],
Krawczyk, Stephan [140],
Krummacher, F.-W. [29f],[53], [73],
Krusche, Günter [97], [118], [129], [139], [152]
Krusche, Werner [85],
Kruse, Martin [150],
Künneth, Walter [67],
Kunst, Hermann [65],
Leich, Werner [113], [129]
Lilje, Hanns [26],
Löffler, Kurt [134],
Maron, Karl [61],
Meiser, D [26],
Mielke, Erich [45], [110],
Mitzenheim, Moritz [51], [53], [55], [62], [94],
Müller, Ludolf [53],
Niemöller, Kurt [26],[38], [66],
Pieck, Wilhelm [15], [21], [50],
Schabowski, Günter [132],
Schempp, Paul [25],
Scheven, Karl von [53],
Schönherr, Albrecht [21], [40], [83ff], [86], [93], [105], [133], [140]
Schmude, Jürgen [150],
Schröter, Friedrich [53], [112]
Schultheiß, C. [85],
Seigewasser, N. [83f],
Smend, [26],

Abkürzungen

AKSK	Arbeitskreis Solidarische Kirche
APU	Ev. Kirche der Altpreußischen Union
BEK	Bund der Evangelischen Kirchen in der DDR
BK	Bekennende Kirche
CDU	Christlich Demokratische Union
CFK	Christliche Friedenskonferenz
DEK	Deutsche Evangelische Kirche
DSF	Deutsch-Sowjetische Freundschaft
DSU	Deutsche Soziale Union
DTSB	Deutscher Turn und Sportbund
DWK	Deutsche Wirtschaftskommision
EKD	Evangelische Kirche in Deutschland
EKU	Evangelische Kirche der Union
EOS	Erweiterte Oberschule
FDGB	Freier Deutscher Gewerkschaftsbund
FDJ	Freie Deutsche Jugend
GENEX	SED - Devisenhandelsfirma
GST	Gesellschaft für Sport und Technik
IFM	Initiative für Frieden und Menschenrechte
IM	Informeller Mitarbeiter der Staatssicherheit
IPPNW	Ärzte für den Frieden
KKL	Konferenz der Kirchenleitungen
KPD	Kommunistische Partei Deutschlands
KPDSU	Kommunistische Partei der Sowjetunion
KSZE	Konferenz für Sicherheit und Zusammenarbeit in Europa
KTA	Kirchlich Theologische Arbeitsgemeinschaft für Deutschland
KvU	Kirche von Unten
LDPD	Liberal Demokratische Partei Deutschlands
LIMEX	SED - Devisenbaufirma
LPG	Landwirtschaftliche Produktionsgenossenschaft
NKFD	Nationalkomitee Freies Deutschland

NÖSPL	Neue Ökonomische System der Planung und Leitung der Volkswirtschaft
NSDAP	Nationalsozialistische Deutsche Arbeiterpartei
NVA	Nationale Volksarmee
PDS	Partei des Demokratischen Sozialismus (SED Nachfolger)
PGH	Produktionsgenossenschaft des Handwerks
RGW	Rat für gegenseitige Wirtschaftshilfe
SBZ	Sowjetische Besatzungszone
SED	Sozialistische Einheitspartei Deutschlands
SKK	Sowjetische Kontrollkommision
SMAD	Sowjetische Militäradministration
SPD	Sozialdemokratische Partei Deutschlands
Stasi	Staatssicherheitsdienst
UNO	Vereinte Nationen
VEB	Volkseigener Betrieb
VELKD	Vereinigte Evangelisch-Lutherische Kirche Deutschlands
ZK	Zentralkomitee einer Partei

Literatur

Arnoldshainer Konferenz: Was gilt in der Kirche?, Neukirchen 1985,

Bickhardt, Stephan (Hrsg): Recht ströme wie Wasser. Christen in der DDR für Absage an Praxis und Prinzip der Abgrenzung. Berlin 1988,

Bransch, Günter: Kirche auf dem Wege. Perspektiven der ev. Kirche in der sozialistischen Gesellschaft - Versuch einer Einschätzung. Berlin/DDR 1987,

Büscher, W.: Unterwegs zur Minderheit - Eine Auswertung Konfessionsstatistischer Daten, in: R.Henkys (Hrg): Die ev.Kirche in der DDR, München 1982,

Cornu, Daniel: Karl Barth und die Politik, Wuppertal 1969

Dähn, Horst: "Konfrontation oder Kooperation? Das Verhältnis von Staat und Kirche in der SBZ/DDR 1945-1980", Opladen 1982

Dibelius, Otto: Die tragende Mitte. Gottesdienstliche Rede, gehalten aus Anlaß des Kirchentages der ev. Kirche Berlins am 27.April 1947, Tübingen 1948

Dibelius, Otto: Ein Christ ist immer im Dienst, Stuttgart 1961,

Dibelius, Otto: Obrigkeit? Berlin 1959

Dokumente zur Geschichte des Schulwesens in der DDR, Teil l (1945-55) Berlin/DDR 1969

Drobitsch, Klaus: "Christen im Nationalkomitee Freies Deutschland", Berlin/DDR 1973

Fischer, Martin : Wegemarken, Berlin 1959

Fischer Weltalmanach (Sonderband), Frankfurt 1990

Fuchs, Emil: Mein Leben. Bd. 1-2, Leipzig 1957-59

Henkys, Reinhard : Von der EKD zum Kirchenbund, in: epd Dokumentation Bd.1, Bund der Evangelischen Kirchen in der DDR, Frankfurt 1971

Henkys, Reinhard (Hrg): Die ev. Kirche in der DDR, München 1982

Henrich, Rolf: "Der vormundschaftliche Staat. Vom Versagen des real existierenden Sozialismus", Hamburg 1989

Hildebrandt, R. : Es geschah an der Mauer, Berlin 1988, 16.Aufl.

Hirsch/Kopelew (Hrsg): Grenzfall. Vollständiger Nachdruck aller in der DDR erschienenen Ausgaben (1986/87), Berlin 1989,

"Junge Welt" Sonderausgabe vom April 1953

"Kirche als Lerngemeinschaft": Dokumente aus der Arbeit des Bundes der Ev. Kirchen in der DDR. Berlin/DDR 1981,

Klier, Freya : Abreißkalender. München 1988, S.233.

Klohr, Olof (Hrg.): "Zur Theorie vom Absterben der Religion und zur Ideologie des Atheismus der DDR-Philosophen", in Religion und Atheismus heute. Berlin 1966

Knabe, Hubertus (Hrsg.), Aufbruch in eine andere DDR. Reinbek 1989,

Krummacher, F.W.: Gedanken über den kirchlichen Dienst, in: "Zeichen der Zeit" Nr.1/1947

Krusche, Günter : Bekenntnis und Weltverantwortung. Berlin/DDR 1986,

Lau, Karl Heinz : DDR - kleine politische Landeskunde, Berlin 1988

Lessing, Eckhard : "Selbständigkeit" und "Freiheit" der Kirche. Eine Notiz zum Kirchenverständnis Dibelius' und Barths. in: KZG 2Jg/89 H.2,

Linke, Dietmar: Niemand kann zwei Herren dienen, Hamburg 1988,

Ludwig, H.: Die Entstehung des Darmstädter Wortes, Beiheft zu Junge Kirche 8-9/1977

Maaz, Hans-Joachim: Der Gefühlsstau. Ein Psychogramm der DDR. Berlin 1990

Müller, Hanfried: Evangelische Dogmatik Bd.II, Berlin 1978

Naumann, G. /E. Trümpler: Von Ulbricht zu Honecker. 1970 Krisenjahr (Dokumente), Berlin 1990

Prolingheuer, Hans: "Kleine politische Kirchengeschichte", Köln 1987(3)

Rogge, J. / H. Zeddies (Hrsg.): Kirchengemeinschaft und politische Ethik. Berlin/DDR 1980,

Scholder, K.: Die evangelische Theologie und Kirche nach dem Kriege. In: Ökumenische Kirchengeschichte Bd III, Mainz 1974

SED und Christentum – eine notwendige Klarstellung des ZK der SED, vom 27.8.1946, in: Dokumente der SED, Berlin 1948

Stupperich, Robert: Otto Dibelius. Ein evangelischer Bischof im Umbruch der Zeiten, Göttingen 1989

Theologisches Lexikon, Berlin/DDR 1978 (1)

Weber, Hermann: "Weiße Flecken" in der DDR Geschichtsschreibung, in Beilage zur Wochenzeitung Das Parlament, B 11/90, S.3.

Verwendete Periodika:

Deutschland Archiv, Zeitschrift für Fragen der DDR und der Deutschlandpolitik (DA)

EPD Dokumentation, hrsg. vom Ev. Pressedienst Frankfurt/M 1969-90

Kirchliches Jahrbuch für die Ev. Kirche in Deutschland (Kjb), Gütersloh 1945-89

Kirche im Sozialismus, Zeitschrift zu Entwicklungen in der DDR, Berlin 1973-90

verschiedene Magazine, Tageszeitungen und Fernsehsendungen

Weiterführende Literatur die nach 1990 erschien:
(zeitlich geordnet)

Besier/Wolf (Hrsg.): "Pfarrer, Christen und Katholiken" , das Ministerium für Staatssicherheit der ehemaligen DDR und die Kirchen, Neukirchen-Vluyn 1991.

Krone/Schult (Hrsg.): "Seid Untertan der Obrigkeit", Originaldokumente der Stasi-Kirchenabteilung XX/4, Berlin 1992

Schädlich, Hans Joachim (Hrsg.): Aktenkundig, Berlin 1992

Linke, Dietmar: Theologiestudenten der Humboldtuniversität, Zwischen Hörsaal und Anklagebank, Neukirchen-Vluyn 1994

Krötke, Wolf: Die Kirche im Umbruch der Gesellschaft - theologische Orientierungen ..., Tübingen 1994

Heinrich-Böll-Stiftung (Hrsg.): Abschlussbericht des Stolpe-Untersuchungsausschusses des Landtages Brandenburg -lesbar gemacht von Ehrhart Neubert. Mit einem Vorwort von Viktor Böll. Berlin 1994

Schröter/Zeddies (Hrsg.): Nach-Denken. Zum Weg des Bundes der Ev. Kirchen in der DDR, Frankfurt/M 1995

Neubert, Ehrhart: Geschichte der Opposition in der DDR 1949-1989, Berlin 1997

Vollnhals, Clemens: Die kirchenpolitische Abteilung des Ministeriums für Staatssicherheit, Berlin 1997, 2. Aufl., BStU - Abteilung Bildung und Forschung - BF informiert Nr.16

Vollnhals, Clemens (Hrsg): Die Kirchenpolitik von SED und Staatssicherheit. Eine Zwischenbilanz, Berlin1997 2. Aufl.

Eisenfeld, Bernd: Ausreisen oder dableiben? Regulierungsstrategien der Staatssicherheit - Öffentliche Veranstaltung am 26. Oktober 1995, BStU Reihe B: Analysen und Berichte, Nr. 1/97

Woronowicz, Ulrich: Sozialismus als Heilslehre, Bergisch Gladbach 2000, ISBN 3-929351-10-2

Lepp, Claudia (Hrsg): Evangelische Kirche im geteilten Deutschland, Göttingen 2001

Heinecke, Herbert: Konfession und Politik in der DDR - das Wechselverhältnis von Kirche und Staat im Vergleich von evangelischer und katholischer Kirche, Leipzig 2002

Mau, Rudolf: Der Protestantismus im Osten Deutschlands (1945-1990), Leipzig 2005

v. Wedel, Reymar: Kurt Scharf, Kämpfer und Versöhner, Berlin 2010

Knabe, Hubertus: Die Wahrheit über die Linke, Berlin Auflage: 2. (2010)

Schafarewitsch, Igor R.: Der Todestrieb in der Geschichte – Erscheinungsformen des Sozialismus, Grevenbroich 2016

Epd Dokumentation Nr. 35 (2018): Versöhnung und Aufarbeitung - Erstes Forum zum Bußwort des Landeskirchenrats der Evangelischen Kirche in Mitteldeutschland zum Buß- und Bettag 2017, Frankfurt am Main, 2018

Film Dokumentation - Schulfernsehen

Anlässlich des 50. Jahrestages "Volksaufstand 17. Juni" erstellte der Rundfunk Berlin-Brandenburg (RBB) im Jahre 2003 unter der Leitung von Stanley Schmidt eine dreiteilige Dokumentation für das Schulfernsehen mit dem Thema "DDR und Bürgerrechte".

In der zweiten Folge "Kirchen und Religionsfreiheit" geht es um die Frage, welchen Spielraum Kirchen und kleinere Religionsgemeinschaften in einem Staate hatten, der zwar in der Verfassung Religionsfreiheit gewährte, in dem die Erziehung zum Atheismus aber wesentlicher Bestandteil der Ideologie war. Für die unterschiedlichen „Epochen" der DDR muss diese Frage verschieden beantwortet werden.

Der Film nahm wesentliche Elemente der Internetseiten "DDR-Kirche" auf und ließ verschiedene Zeitzeugen; unter anderen auch den Autor dieses Buches, zu Wort kommen. Er wurde regelmäßig im Schulfernsehen der verschiedenen Rundfunkanstalten der ARD ausgestrahlt.

Film-Bestellung: Sollten Sie es versäumt haben, Sendungen bei der Ausstrahlung mitzuschneiden, haben Sie die Möglichkeit, Sendungen des Schulfernsehens bei Ihrem zuständigen Landesmedienzentrum zu bestellen. Die Kopie kostet für Schulen außerhalb von Baden-Württemberg, Rheinland-Pfalz, Saarland und andere Nutzer ca 20,- Euro pro Sendung zzgl. Porto und Verpackung.

Informationen zur Reihe: Bürgerrechte in der DDR
Fächer: Geschichte
Klassenstufe: Sek. I/II
Sendelänge: 30 Minuten
Mediennummer VHS: 4285853 - Kirche und Religionsfreiheit
© SWR Schulfernsehen multimedia
Produktionsanstalt: RBB
Landesmedienzentrum Baden-Württemberg
Landesmedienzentrum Rheinland-Pfalz
Landesinstitut für Pädagogik und Medien (LPM)
(siehe auch: Medienstelle-Eilenburg   Schulfernsehen auf DVD)

Bußwort 2017

Erklärung des Landeskirchenrates im Gottesdienst der 6. Tagung der
II. Landessynode der Evangelischen Kirche in Mitteldeutschland am
Bußtag 2017

I.

Im Gedenkjahr „500 Jahre Reformation" hören wir aufmerksam die
erste der Wittenberger Thesen Martin Luthers: „Indem unser Herr
und Meister Jesus Christus sagte: … ‚Tut Buße' usw. (Matth. 4,17)
wollte er, dass das ganze Leben der Glaubenden Buße sei."

Buße bewahrt als das Bekenntnis der Glaubenden zu ihrem Sünder-
sein den fundamentalen Unterschied zwischen Gott und Mensch, zwischen Schöpfer und Geschöpf. Die Fähigkeit zum Schuldeingeständnis und das Versprechen der Vergebung durch Gott sind Zusage und
Merkmale menschlicher Würde. Mit dem Eingeständnis unserer
Schuld und der Bitte um Vergebung stellen wir uns unserer Verantwortung vor Gott und den Menschen.

Buße führt zur Umkehr und verpflichtet uns, „Gerechtigkeit für alle
Benachteiligten und Unterdrückten zu schaffen, dem Frieden mit
gewaltfreien Mitteln zu dienen, Leben auf dieser Erde zu schützen
und zu fördern" (Ökumenische Versammlung 1989 Dresden).

Umkehr macht frei, das Leben verantwortlich zu gestalten. Umkehr
hilft uns, mit unserem Handeln in der Geschichte verantwortlich um-
zugehen. Bei dieser Aufgabe steht unser Leben unter der Verheißung
des schon angebrochenen Reiches Gottes.

II.

Wir blicken dankbar zurück, dass wir unter staatlichem Druck in der
Zeit der SBZ und der DDR als Kirche dem Auftrag Jesu Christi folgen
konnten. Die Machthaber und ihre Sicherheitsbehörden sind damit

gescheitert, den christlichen Glauben zu beseitigen oder das kirchliche Leben ihren Zielen vollständig zu unterwerfen. Viele Christen haben widerstanden, sich nicht erpressen und locken lassen. Dafür sind wir Gott und den Menschen dankbar.

Angesichts dieser Erfahrung bekennen wir: Wir haben staatlichem Druck zu oft nicht standgehalten. Wir haben Fürbitte und Fürsprache geleistet, Unrecht jedoch oft nicht deutlich genug widersprochen. Wir haben uns bis heute nicht in der nötigen Weise unserer zu geringen Unterstützung für die Menschen gestellt, die in der Landwirtschaft, dem Handwerk und anderswo enteignet wurden, den von Zwangsaussiedlungen und Entheimatung Betroffenen, den politischen Gefangenen in der DDR und den in den Suizid Getriebenen.

Wir beklagen, dem SED-Staat nicht klarer und kompromissloser entgegen getreten zu sein. Wir haben dabei die Erkenntnisse aus der Barmer Theologischen Erklärung nicht ernst genommen. Wir erkennen darin ein geistliches Versagen.

Wir beklagen die Fälle, in denen Pfarrer und Pfarrerinnen und kirchliche Mitarbeitende mit staatlichen Stellen konspiriert, Vertrauen verletzt und Anderen Schaden zugefügt haben und dass wir unsere Verflochtenheit in diese Schuld bis heute nicht bekennen.

Wir beklagen die Fälle, in denen Mitarbeitende in Kirche und Diakonie, die aus politischen Gründen drangsaliert und auch in ihren Kirchen disziplinarisch belangt, im Stich gelassen oder gar entlassen wurden. Bis heute übernehmen wir als Kirche nicht die nötige Verantwortung für Menschen, die unter Mithilfe oder nach Verrat aus kirchlichen Kreisen inhaftiert, gedemütigt, traumatisiert oder zur Ausreise gedrängt wurden. Dazu gehört auch, dass Pfarrerinnen, Pfarrern und anderen kirchlichen Mitarbeitenden, die in schwerer persönlicher Bedrängnis keinen anderen Weg als die Ausreise aus der DDR gesehen haben, die Freigabe zum Dienst in westdeutschen Kirchen verweigert wurde.

III.

Wir haben versucht, Irrwege, Unrecht, Verrat und Versagen der Kirchen und ihrer Verantwortungsträger in der Zeit zwischen 1945 und 1989 zu benennen.

Wir sehen mit Schmerz, dass Aufarbeitung und Schuldeingeständnis bisher nur teilweise geschehen sind. „Wenn Schuld konkret beim Namen genannt wird, erweisen wir uns als Selbstgerechte, die schnell ein Urteil über andere sprechen, oder wir verharmlosen, leugnen ab, fühlen uns verkannt, wenn es um unser Versagen geht." (EKKPS 1995) (1). Es konnte „nicht festgestellt werden [...], dass eine offene, gerade bei den Opfern Vertrauen schaffende Aufarbeitung gelungen ist." (ELKTh 2005) (2).

„Mehrfach mussten die Basisgruppen sich den Raum in der Kirche gegenüber den kirchlich Verantwortlichen erstreiten. Wir sehen heute, dass sie nicht immer als selbstverständlicher Teil unserer Kirche betrachtet wurden. Gleichzeitig ist denjenigen in der Kirche zu danken, die diese Gruppen unterstützt haben." (Landeskirchenrat 2009) (3).

IV.

Wir bitten Gott und die Menschen, die durch die Kirchen und ihre Mitarbeitenden geschädigt wurden, um Vergebung.

Wir sehnen uns nach Wahrheit und Gerechtigkeit. Wir wollen uns unserer Schuld stellen. Wir wollen Verantwortung übernehmen. Wir wollen Versöhnung ermöglichen.

Wir glauben, dass das Bekennen unseres Irrens, unseres Versagens und des bewusst begangenen Unrechts unter der Verheißung unseres Herrn Jesus Christus für ein erneuertes Leben steht.

Wir sehen die immer noch gestörten Beziehungen in unserer Gesellschaft und die Verletzungen 27 Jahre nach dem Ende der DDR. Wir wollen das uns Mögliche für eine Heilung der Erinnerung und für Versöhnung tun.

Wir vertrauen darauf, dass wir mit diesem Bekenntnis unserer Schuld durch Gottes Verheißung frei werden, heute und hier als Kirche Jesu Christi Verantwortung für unsere eigene Geschichte und die Folgen unseres Handelns wahrzunehmen.

Erfurt, den 20. Oktober 2017

---

(1) XII. Synode der Kirchenprovinz Sachsen auf ihrer 4. Tagung am 17.11.1995
(2) Abschlussbericht vor der Thüringer Synode zur Stasiaufarbeitung 2005
(3) Wort des Landeskirchenrates an die Gemeinden zur Kampagne „Gesegnete Unruhe" (Oktober 2009)

Hintergründe

Geschichtsschreibung

Wer in der DDR groß wurde, hat es mit der Muttermilch aufgesogen, dass Geschichte erst im Jahre 1917 mit der Oktoberrevolution in Russland beginnt. Dieser Zeitpunkt war gleichsam ein heilsgeschichtliches Ereignis - es gab ein dunkles davor und ein helles Zeitalter danach. Griechische und römische Geschichte verdichteten sich auf eine einzige heldenreiche Person, die man Spartakus nannte. Und das Mittelalter war so dunkel, dass es der geschichtlichen Erwähnung nicht wert war. Das Zeitalter der Aufklärung war dann in einer muffig, finsteren Weberstube angesiedelt, in der Frauen und Kinder dahin schmachteten, während die Männer von bösen Kapitalisten ausgebeutet wurden und im Geheimen Pläne schmiedeten, wie die Welt gerettet werden kann. Geschichte war reiner Klassenkampf und nichts weiter.

Alles was aus diesem Rahmen sprang war deshalb für neugierige Menschen interessant und wurde mit Eifer erforscht. Die Kirchengeschichte war so ein Ding, das noch ziemlich unbeschadet die wissenschaftlich-marxistische Welterklärung überstanden hatte und jeden in den Bann zog, der wissbegierig hinter den Lauf der Ereignisse schauen wollte.

Bei der Übernahme meines ersten Pfarramtes war auch das Archiv des Pfarrsprengels mit einbezogen. Es war aus den Akten der verschiedenen Dorfgemeinden entstanden und musste zur Registratur gesichtet werden. Der alte Kreisarchivar, Pfarrer Faruhn kam aus dem Dorf Zechlin und war mit Ratschlägen und seinem unschätzbaren Wissen behilflich, die verstaubten Zettel, Ordner, Kirchen- und Protokollbücher zu ordnen. Dabei stellten wir fest, dass alle Unterlagen von 1933 bis 1945 fehlten. Außer die Bücher für die Amtshandlungen, also Taufen bis Bestattungen, waren alle anderen Schriftstücke wie vom Erdboden, sprich Dachboden verschwunden.

Mein Kreisarchivar meinte, dass da ganz interessante Sachen drinstünden, die auch so manchem strengen Parteigenossen von heute noch nach vierzig Jahren in arge Bedrängnis bringen könnten. Aber deswegen wurden sie nicht entfernt, sondern kurz vor Kriegsende, als die Russen in Anmarsch waren, machte ein Gerücht die Runde, jedes Stück Papier mit Stempel und Hakenkreuz, jedes Schreiben mit Heil-Hitler-Grüßen führte für den Besitzer unmittelbar zur Deportation ins weit entfernte Sibirien. Von daher war es verständlich, dass Pfarrer oder Kirchenälteste alles fein säuberten, was ihnen gefährlich werden konnte. In Dörfern, in denen die Deutschen Christen das Sagen hatten, wurde besonders gründlich aufgeräumt.

Als Pfarrer erfuhr ich im Laufe der Jahre, besonders bei den Beerdigungsgesprächen, dennoch so manche Geschichte, die eigentlich für immer im Verborgenen bleiben sollte. Geschichten von Leid und Niedertracht, aber auch von Frohsinn und menschlicher Stärke in einer nationalsozialistischen Diktatur.

Zu diesen Säuberungsaktionen kamen später weitere Säuberungen hinzu, nun allerdings von anderer Seite. Zum Beispiel durfte man in der DDR das Wort "Nationalsozialismus" nicht benutzen. Es war Tabu. Dafür gab es den Hitlerismus, den Hitlerfaschismus und den antifaschistischen Schutzwall (Mauer). Es sollte der Unterschied und die Unvereinbarkeit der Begriffe herausgestellt werden. Niemand sollte auf die Idee kommen, nationaler und internationaler Sozialismus seien nur zwei verschiedene Seiten ein und derselben Medaille.

Bei jungen Menschen gelang das sehr gut. Die älteren sind diesem Propagandatrick aber nur zögerlich auf dem Leim gegangen. Einen sogenannten "Historikerstreit" oder Ansätze dazu gab es deshalb in der DDR nicht. Diese Ideen waren von vornherein und schon immer Revisionismus und wurden ohne jede Diskussion ins Reich des Bösen verbannt. Merkwürdigerweise hat die Gesetzgebung im vereinigten Deutschland dann ab Mitte der neunziger Jahre erreicht, das Kritik am Geschichtsbild zum Nationalsozialismus praktisch verboten sei und damit dem realexistierenden oder späteren demokratischen Sozialismus seine dunklen Geheimnisse mit Stillschweigen zugestanden. Geschichtsaufarbeitung kann so sehr erschwert werden.

In der dunklen Ahnung, dass auch mal die Kirchenarchive aus der Zeit der internationalen Sozialisten gesäubert werden könnten und dann der "Große Bruder" aus orwellscher Kulisse erscheint, um alles umzudrehen und um doppelt zu revisionieren, beschloss ich kirchliche Materialien zu sammeln, die der Wahrheit später dienlich sein könnten.

In diesem Vorhaben bestärkte mich der Superintendent Ulrich Woronowicz aus Bad Wilsnack. Ihn traf ich 1983 in Güstrow auf einer Pfarrkonventsrüste. Er hielt einen für damalige Zeiten äußerst interessanten Vortrag über den Sozialismus als Heilslehre, in dem er die Ansicht vertrat, dass Sozialismus und Christentum gleich und doch verschieden wären. Entweder der Heilige Geist oder die Allmacht der Partei sind die Quellen der Orientierung, um zur Glückseligkeit zu gelangen. Aber das jeweilige Menschenbild trennt die Wege - das christliche ist individualistisch und führt zum Leben und das sozialistische ist kollektivistisch und führt in den Tod.

Woronowicz hatte seinen Vortrag vielfach kopiert und mich in Gesprächen darauf hingewiesen, dass auch die Beschäftigung mit dem Nationalsozialismus zu identischen Ergebnissen führen würde und deshalb die einfache Quellensicherung schon die halbe Arbeit ist, um diesen Zusammenhang zu erkennen. Wir hatten uns perfekt verstanden. Mit meiner sehr guten Ausbildung in Marxismus-Leninismus hatte ich die Tragweite seiner Theorie sofort erkannt und der Austausch unserer Gedanken gestaltete sich einfach und war sehr zielführend. Was allerdings zuerst da war, der Sozialismus oder das Religiöse, blieb als Fragestellung damals im Raum stehen.

Religiöse Sozialisten hatten zur späten DDR Zeit Oberwasser. Sie meinten, dass sich das unterbewusste Religiöse nach außen im Sozialismus manifestiert und die Welt schön macht, obwohl es immer wieder Rückschläge gibt, solange der Kapitalismus nicht überall ausgerottet ist. In den ersten Studienjahren vertrat ich eine ähnliche Ansicht und das Lied von Wolf Biermann war bezeichnend: "Sozialismus schön und gut, aber was man uns hier aufsetzt das ist der falsche Hut." Die Hoffnung auf einen besseren Sozialismus, welchen Namen er auch tragen mag, ist wohl kaum auszurotten.

Im Gegensatz zu heutigen "religiösen Sozialisten" hatte man als Christ – und Mensch - damals im real existierenden Sozialismus immer die Möglichkeit die Praxis als Kriterium der Wahrheit zu befragen. Anspruch und Wirklichkeit der Theorien klafften für alle sichtbar weit auseinander und waren zum Ende auch durch noch so viele Begriffsverwirrungen nicht mehr in Einklang zu bringen. Viele Menschen gerade im Osten können diese Erfahrungen heute wieder schätzen lernen.

Die Öffnung der Mauer brachte das System dann praktisch zum Einsturz. Die Rolle der Christen und der Kirche war sehr bedeutend, aber dennoch erschien alles vollkommen diffus. Ich schrieb deshalb die verschiedenen Ereignisse und die ihnen vorausgegangenen Entscheidungen systematisch auf, und der Zeitstrahl verschob sich dabei immer weiter in die Vergangenheit.

Im September 1990 beendete ich die Arbeit und nachdem die DDR aufgelöst war, konnte auch bei mir ein Schlussstrich unter einem Lebensabschnitt gezogen werden. Herausgekommen war eine kleine DDR Kirchengeschichte, welche mir selber immer als Hilfe und Informationsquelle zur Verfügung stand, um neue Entwicklungen einschätzen zu können.

Fünf Jahre später erhielt ich Akteneinsicht in die Unterlagen der Staatsicherheit. Erschreckend war, dass sich Oberflächlichkeit und peinliche Genauigkeit bei der Einschätzung meiner "feindlich negativen Tätigkeit" ständig abwechselten. Zwanzig Jahre Observation, zwei direkte Operative Vorgänge (OV) und zwei beteiligte OV's, über tausend Seiten noch vorhandenes Material, 34 Spitzel, sogenannte (IM) – das war interessanter Lesestoff und glücklicherweise gab es keinen richtigen Verräter.

Alle haben sie ihre Rollen perfekt gespielt, als Christen und als Sozialisten, aktiv und passiv, so wie jeder veranlagt war. Damals gab es bei mir so eine Erkenntnis, dass Sozialismus eigentlich eine Charaktereigenschaft sei, mehr oder weniger ausgeprägt, im Exzess eine unheilbare Krankheit vielleicht, aber das wäre sicher ein anderes Thema.

Im Nachhinein ist es gut, dass die Erkenntnisse aus den persönlichen Akten meine Arbeit über die Kirchengeschichte der DDR nicht beeinflusst haben. Beteiligte Personen konnte man offen und ohne hintergründige Absichten gegenüber treten und zu den vergangenen Ereignissen befragen. Das geschah zeitnah und die Zukunft, sowohl der Kirche als auch der Gesellschaft, war beim Schreiben der Arbeit noch vollkommen offen. Dieser Umstand zeichnet die Darstellung aus und macht die spärliche Quellenlage, die erst die spätere Geschichtsforschung erhellte, im Ergebnis wieder wett.

Die "Innere Million"

Die Bezeichnung IM als Informeller Mitarbeiter der Staatssicherheit war vor der Öffnung der Stasiakten dem normalen DDR-Bürger nicht bekannt. Im kirchlichen Bereich bedeutete die Abkürzung IM zudem etwas vollkommen anderes. Es war die Kurzform für IMHW, für die Innere Mission und Hilfswerk, welche später im Diakonischen Werk aufging. Man sprach also von: "… das ist für die IM" oder "… das macht die IM" oder "… das kriegst du bei der IM". Manche kirchliche Mitarbeiter ersetzten dann die Abkürzung mit einer neuen Bedeutung, sie sagten IM das ist die "Innere Million". Damit brachten sie einen Sachverhalt zum Ausdruck, der neben der karitativen und sehr wichtigen Sozialarbeit, die gar nicht hoch genug eingeschätzt werden kann, auch die andere Seite, die dunkle Seite, die bis heute noch nicht aufgeklärte Finanzierung der Ostkirchen zur Ansicht bringt.

In den Lagerräumen der "Inneren Million" gab es all die kleinen und großen Dinge, die der Ostbürger als Goldstaub bezeichnet hat. Wenn niemand in der Kirche mehr Autoreifen hatte, dann musste man zur IM. Ob Dachziegel, Zement, Wasserrohre oder selbst Toilettenpapier – es war immer etwas vorrätig, solange man gute Beziehungen hatte. Und das waren nur die kleinen Dinge, denn auch die ganz großen Geschäfte liefen über die sozialen Werke zwischen Ost und West - und unter der Aufsicht der SED!

Beim Geld hört die Freundschaft bekanntlich auf. Für das Verhältnis von Staat und Kirche in der Ulbricht Ära trifft das zu. In der darauf folgenden Honeckerzeit allerdings nicht mehr. Da war es eher umgekehrt, denn beim Geld fing die Freundschaft zwischen SED und Kirche erst richtig an. In den fünfziger und sechziger Jahren wurde von West nach Ost noch in alter Weise Bargeld gegen Ware getauscht. Zu dieser Ware gehörte auch der staatsfreundliche Menschenhandel, also die Gefangenen und unliebsamen Gegner des DDR-Regimes, welche vom Westen freigekauft wurden.

In den siebziger Jahren wurde das Geschäft groß aufgezogen. Die SED benutzte dazu eigene Firmen und erweiterte ihre Handelsrahmen über die "Kommerzielle Koordinierung" Genex (Handel), und Limex (Bau) und ab 1976 sogar durch eine eigene Währung, dem sogenannten Forum Check (Bank). Die Zusammenhänge von Kirche und Staatssicherheit sind mittlerweile gut erforscht, die Zusammenhänge von kirchlichen Werken und Devisenhandel allerdings immer noch nicht.

Man kann natürlich schwarze Geschäfte, Bestechungen und Unterschlagung als humanitäre Hilfe deklarieren, aber so richtig wohl war den Beteiligten der Kirche dabei nicht. Aufhellend sind die biographischen Erinnerungen des kirchlichen Rechtsanwalts Reymar v. Wedel mit einem Vorwort seines Freundes Manfred Stolpe (siehe Literaturverzeichnis). Es bleibt abzuwarten ob Erinnerungen weiterer Beteiligter folgen werden.

Aber im Gegensatz zur "Inneren Million" hatten die einzelnen Kirchengemeinden mit der immer weiter um sich greifenden Geldnot zu kämpfen. Ab 1956 wurde die Kirchensteuer nicht mehr mit Hilfe der Finanzämter eingezogen, sondern mussten von den Gemeinden selbständig mit Hilfe der kreiskirchlichen Rent- und Verwaltungsämter beschafft werden. Nach Vorlage einer Lohnbescheinigung und Festsetzung der Steuer sollte jedes Kirchenmitglied eine Jahressteuer an das Rentamt einzahlen. Bei Verzug erfolgte automatisch nach einem Jahr die Mahnung, nach dem zweiten Jahr noch einmal eine und nach dem dritten Jahr kümmerte sich der jeweilige Gemeindekirchenrat um das Problem.

Das war natürlich nur in den Dorfgemeinden möglich, kaum in der Stadt. Jetzt ging ein Ältester zu dem Säumigen persönlich hin und im nächsten Jahr machte der Pfarrer einen Besuch (Flöhe einsammeln). Wenn dann immer noch keine Zahlung erfolgte, wurde das Gemeindemitglied vom Gemeindekirchenrat aus der Kirche ausgeschlossen.

Dass jemand selber direkt und amtlich aus der Kirche austrat, kam eigentlich nur bei Beginn einer beruflichen Tätigkeit im Staats- oder Parteidienst vor. "Herr Pfarrer, ich muss aus beruflichen Gründen aus der Kirche austreten. Es tut mir leid." war die oftmals benutze Redewendung, bei der dann die Bescheinigung vom Standesamt oder ähnlichen Meldestellen übergeben wurde.

Die Gespräche beim Einzug der Kirchensteuer hatten den Vorteil einer guten Kontaktpflege und es gab einen Argumentationszwang, Kirchenleistung und Geldzahlung in ein nachvollziehbares Verhältnis zu bringen. Die Einstellung zum Geld und zu den Gemeindegliedern, war deshalb eine vollkommen andere, als sie zu diesen Zeiten in den Westkirchen herrschte. Im Bereich der Gemeindefinanzen waren die DDR Kirchen nicht sozialistisch aufgestellt, sondern sie glichen eher den Freikirchen, mit Ausnahme natürlich der "Inneren Million".

Während der Wende 1990 und bei den neuen Möglichkeiten zum Aufbau der Kirchenstrukturen war der Einzug der Kirchensteuer mit Hilfe des Staates daher heiß umstritten. Die Problematik wurde damals richtig erkannt, die Schlüsse aber falsch gezogen. Mit Zentralisierung und Bürokratisierung, mit Gemeindeenteignungen und Zusammenschlüssen, mit hierarchisch aufgebauten Kirchenkreisen wurde die Finanzkrise bei der Wiedervereinigung scheinbar überwunden. In den letzten Jahren kamen dann auch die altbekannten moral- und ordnungspolitischen Funktionen zum Durchbruch, mit denen sich die Kirchen gerne dem Staat jetzt wieder andienen wollen.

Heute sinken die Steuereinnahmen relativ zu den Leistungen, die die Kirchen in den sozialen Diensten erwirtschaften, genauso wie damals am Ende der Kirche im Sozialismus. Heute gehören die sozialen Werke, Diakonie und Caritas, mittlerweile zu den größten Arbeitgebern im Lande. Für eine protestantische Kirche sind das keine guten Zeichen, für eine Kirche im Sozialismus schon.

Déjà-vu

Ende 2019 sah ich im Fernsehen eine Bundestagsdebatte. Am Rednerpult sprach emotional geladen Frau Sarah Wagenknecht von der Partei "Die Linke". Ihr Thema war die Armut in der Welt, und ihr Parteigenosse Gregor Gysi klatschte am Ende frenetischen Beifall, während die Kamera zur langjährigen Bundeskanzlerin Angela Merkel schwenkte, welche nach unten blickend gelangweilt auf ihr Handy rumtippte. Als ich diese drei Politiker sah, ereilte mich plötzlich und erschreckend ein Déjà-vu und führte mich unvermittelt ins Jahr 1979 zurück, zu den geistigen und leiblichen Vätern dieser drei Volksvertreter.

Vor vierzig Jahren nahm ich an einer Seminarveranstaltung an der Ostberliner Humboldt-Universität teil. Der Theologieprofessor Hanfried Müller hatte für uns Studenten zwei Gesprächsgäste eingeladen, einmal Horst Kasner, den Leiter des Pastoralkollegs aus Templin und zum anderen Klaus Gysi, den neugebackenen DDR-Staatssekretär für Kirchenfragen. Die drei waren sich sympathisch und begrüßten sich vertrauensvoll in aller Öffentlichkeit. Für uns Studenten sollten sie die sogenannten progressiven Kräfte einer sozialistischen Gesellschaft repräsentieren.

Prof. Hanfried Müller hatte eine kommunistische Gotteslehre entwickelt, die eine strenge Systematik entfaltete, in der nur er sich wohl fühlte, und die kaum ein anderer, weder Freund noch Feind, zu verstehen vermochte. Er wollte die SED immer links überholen und diskutierte alle Gegner mit wahrer Freude und Genugtuung zu Boden. Er wurde nie zum "Wendehals". Seiner strengen Lehre gehorchend erklärte er später den Fall der Mauer kurz und bündig als eine Konterrevolution der feindlich negativen und imperialistischen Kräfte.

Der freundliche Pfarrer Horst Kasner war mir nicht bekannt. Ich sah ihn das erste Mal und begegnete ihm mit den Vorurteilen der befreundeten Kommilitonen, die da meinten, es wäre äußerste Vorsicht geboten und man sollte tunlichst Abstand halten. Seine Ausbildungsstätte in der Nähe von Berlin war ein Kurort der "Rotlichtbestrahlung" und wir als Studenten an einer staatlichen Universität hatten davon ja bereits genug abbekommen. Seinen Werbungsversuchen zur Teilnahme am Pastoralkolleg musste also energisch widerstanden werden.

Klaus Gysi war gerade zum Staatssekretär für Kirchenfragen ernannt. Vorher war er im Vatikan als Botschafter für die DDR tätig, also ein Funktionär besonderer Art, schon in den dreißiger Jahren als Kommunist aktiv und mittlerweile zum „roten Adel der DDR" aufgestiegen. Witzig und etwas zynisch erklärte er die Verhältnisse aus seiner Sicht - die dennoch weltmännisch und erstaunlich war. Von allen dreien gefiel er mir am besten.

Thema waren die nunmehr gut über ein Jahr zurückliegenden Gespräche zwischen Staat und Kirche vom 6. März 1978, die viel Staub aufgewirbelt hatten und die in ihren praktischen Auswirkungen als neue Bündnispolitik täglich frisch ausgehandelt werden mussten. Vom neuen Staatsekretär erhofften wir uns da interessante Informationen, welche aber leider nur spärlich flossen, da sich die drei Herren unversehens in die Begrifflichkeit einer "Kirche im Sozialismus" verstrickten und aus dem Dilemma nicht mehr herausfanden. Wer war zuerst da - die Religion oder der Sozialismus? Das Huhn oder das Ei? Und was ist eigentlich Religion und was ist denn Sozialismus, welche Rolle spielt die Kirche und was ist der Unterschied zwischen "real existierend" und Utopie.

Es sah so aus, als ob kleine Kinder beim Spielen übermütig würden. Sie redeten und redeten. Kasner freute sich über den Frieden, der zwischen Christen und Genossen ausgebrochen war. Gysi war das irgendwie alles egal und es schien, als ob er noch immer von den Sekt-Empfängen beim Papst träumte. Und Müller stand geistig sowieso über den Dingen, da sich schlussendlich alles im Kommunismus auflösen würde. Ihre Heilsvorstellungen waren von dieser Welt sehr stark eingenommen.

In der Raucherpause schlich ich mich davon, denn am Ende der Veranstaltung sollten die Teilnahmelisten für das Pastoralkolleg ausgefüllt werden. Ich hatte auch genug gehört. Aber was ist nun das Déjà-vu? Was holt mich von 1979 nach 2019 in die Gegenwart zurück?

Professor Hanfried Müller blieb sich seiner Sache treu. Als sich der real existierende Sozialismus auflöste, wurde er vom Klassenkampf ergriffen und zusammen mit seiner Frau hat er während der Wendezeit die Gründung einer kommunistischen Plattform initiiert, in der die junge Sarah Wagenknecht von Anfang an dabei war und auch noch heute mit agiert. Man kann den Eindruck gewinnen, dass sie so eine Art geistige Ziehtochter für die Müllers wurde.

Der Sohn von Klaus Gysi, der allen bekannte Gregor Gysi, er redete und rettete die SED in die neue Zeit hinüber, ganz "demokratisch" sollte der Sozialismus nun wieder werden. Er setzte

die kämpferischen und auch kommunistischen Traditionen seines Vaters fort und hat viel für den Aufbau und die Umgestal-
tung der alten Bundesrepublik in Richtung Sozialismus geleistet.

Und nicht zuletzt sei Horst Kasner erwähnt. Seine Tochter
ist die Dritte im Déjà-vu. Die Bundeskanzlerin Angela Merkel
absolvierte in Ost und West eine Karriere, die so mancher als
merkwürdig bezeichnet. Die Tradition ihres Vaters als religiöser
Sozialist hat sie wohl fortgeführt und hat auf ihre spezielle Art
und Weise die CDU, welche 1945 gegen jede Art von braunen
und roten Sozialismus gegründet wurde, stark und nachhaltig
verändert.

Diese drei Personen im Bundestag zu erleben und die Erinnerungen an alte DDR Zeiten aufkommen zu lassen, ist manch-
mal schwer zu ertragen. Das damals in der Seminarveranstaltung behandelte Thema "Kirche im Sozialismus" ist deshalb
heute zur Vorausschau in die weitere Entwicklung äußerst be-
deutsam geworden, denn "der Apfel fällt nicht weit vom
Stamm", sagt ein Sprichwort, womit die Kontinuität des religiösen Sozialismus mit diesem Déjà-vu deutlich zum Ausdruck gebracht werden soll.

Danksagung

Allen die bei der Erstellung dieser kleinen Kirchengeschichtsarbeit damals und heute mitgeholfen haben, sei hier mein Dank ausgesprochen. Auch allen Unbekannten die mit E-Mails, telefonischen Kontakten oder persönlichen Gesprächen über dreißig Jahre hinweg Ansichten bestätigt oder kritisiert haben sei ebenso gedankt. Möge diese Abhandlung auch weiterhin den regen Zuspruch finden, den sie bisher hatte.

Zum Autor

Von 1974 bis 1980 Studium der evangelischen Theologie an der Humboldt-Universität zu Berlin. Anschließend Vikar und Landpfarrer in der Ostprignitz und dann bis zu seinem Ruhestand im Jahr 2015 Stadtpfarrer in einer Gemeinde in Berlin-Reinickendorf.

Vom Autor erschien auch:

Andachten die Gutmenschen nicht mögen: Predigtauszüge und kleine theologische Überlegungen aus verschiedenen Zeiten

als Taschenbuch oder Kindle Ausgabe
Seitenzahl der Print-Ausgabe: 74 Seiten,
Verlag: Books on Demand; Norderstedt
Auflage: 1 (10. Februar 2020) Print: 5,99,-
ISBN: 978-3-7504-1082-4
Die hier ausgesuchten Andachten und Predigtausschnitte des Berliner Pfarrers Peter Zillmann sind meistens aus der wörtlichen Rede aufgeschrieben. Sie entstanden auf dem Hintergrund wichtiger politischer Ereignisse der letzten zwanzig Jahre, wurden in Gottesdiensten vorgetragen, bereits in verschiedenen Medien veröffentlicht und regten in ihrem jeweiligen zeitlichen Kontext zu Diskussionen und Gesprächen an.
Klimawandel, Gleichheitswahn, Finanzkrise und Flüchtlingspolitik bilden in dieser Auswahl hier die Schwerpunkte, welche mit theologischer Reflexion beschrieben werden und im Ergebnis dem sogenannten Mainstream und der Politischen Korrektheit oft entgegenstehen.
Im Rückblick werden sie damit zur politischen Predigt im Wandel der Zeiten, welche ihre Aktualität aber nicht verloren hat und den Spruch bestätigt: Es gibt nichts Neues unter dieser Sonne.